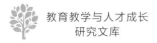

教育教学与人才成长
研究文库

工程教育转型背景下
理工科博士非学术职业发展研究

Non-academic Career Development of Science and Engineering PhDs
in the Context of Engineering Education Transformation

吴 凡 著

上海交通大学出版社
SHANGHAI JIAO TONG UNIVERSITY PRESS

内容提要

博士生教育肩负着高层次创新人才培养和提升创新能力的重要使命。为探究博士生教育对理工科博士非学术职业的影响作用,寻找高等工程教育转型的实践方向,本书在社会认知职业理论的指导下,以就职于企业的理工科博士为研究对象,综合分析影响其职业成功的因素,为理工科博士非学术职业发展和博士生教育改革提出建议。本书适合高等教育和工程教育相关领域的研究者、管理者、教师和学生阅读和参考。

图书在版编目(CIP)数据

工程教育转型背景下理工科博士非学术职业发展研究／吴凡著. —上海: 上海交通大学出版社,2023.12
ISBN 978 - 7 - 313 - 29842 - 3

Ⅰ.①工… Ⅱ.①吴… Ⅲ.①理科(教育)－博士生－职业选择－研究 Ⅳ.①G647.38

中国国家版本馆 CIP 数据核字(2023)第 216913 号

工程教育转型背景下理工科博士非学术职业发展研究
GONGCHENG JIAOYU ZHUANXING BEIJINGXIA LIGONGKE BOSHI FEIXUESHU ZHIYE FAZHAN YANJIU

著　　者:吴　凡			
出版发行:上海交通大学出版社		地　　址:上海市番禺路 951 号
邮政编码:200030		电　　话:021 - 64071208
印　　制:上海新艺印刷有限公司		经　　销:全国新华书店
开　　本:710 mm×1000 mm　1/16		印　　张:10.75
字　　数:174 千字		
版　　次:2023 年 12 月第 1 版		印　　次:2023 年 12 月第 1 次印刷
书　　号:ISBN 978 - 7 - 313 - 29842 - 3		
定　　价:78.00 元		

　　博士生教育是学历教育的最高层次,肩负着高层次人才培养和创新创造的重任,是国家发展和社会进步的重要基石。2020年9月,教育部、国家发展改革委、财政部发布《关于加快新时代研究生教育改革发展的意见》,为切实提升研究生教育支撑引领经济社会发展能力提出意见。例如,完善科教融合育人机制,加强学术学位研究生知识创新能力培养;强化产教融合育人机制,加强专业学位研究生实践创新能力培养等。科技革命和产业变革深入发展,人工智能新兴技术不断崛起,深刻影响着传统工程教育模式。为了给我国关键核心技术攻关提供人才支撑,迫切需要在新一轮工程教育转型背景下,研究理工科博士生教育对接国家战略和产业需求的方向。

　　随着知识经济发展,世界上很多国家的理工科学术型博士毕业生都不再局限于从事学术职业,而是越来越多地进入政府、企业等社会各个工作部门从事非学术职业。理工科学术型博士生教育的培养定位日趋多元化,培养内容也越来越兼顾学术研究和可迁移技能训练。在这些背景下,我国以学术职业为目标而设计的理工科学术型博士生教育如何影响理工科博士的非学术职业发展,值得关注。

　　本书以企业就职理工科博士毕业生为研究对象,采用混合研究方法深入探讨影响他们职业成功的因素,并就此提出加强理工科学术型博士生教育与非学术职业衔接的建议。采用问卷法的定量研究发现:对企业就职理工科博士的晋升来说,社会网络更为重要;对企业就职理工科博士的工作满意度来说,能力和社会网络都重要;能力和社会网络还能互相促进,联合对企业就职理工科博士的职业成功产生作用。采用访谈法的定性研究发现:影响企业就职理工科博士的因素包括个人特质、能力、社会网络、博士生教育经历、工作经历、背景因素、自我效能感和结果预期八个因素领域。研究综合了定量研究结果和定性研究结果发现,职业境况不同的博士在对职业成功进行归因时存在不同。例如,入职企业工作后有过晋升经历且对工作感到满意的理工科博士,更为关注的职业条件是:重视人际交往能力、良好品格与工作态度,拥有组织内外部的社会网络,从博士生教育中收获相对广泛的一般能力,有突出的工作表现,主动融入企业环境,在过往博士生教育与工作经历基础上建立了自我效能感,倾向根据个人能力与努力程度来判断未来职业发展的可能性,有多元化的职业期待。

本书阐述了影响理工科博士非学术职业成功的因素,拓展了社会认知职业理论在中国理工科博士群体中的应用。基于研究提出的加强非学术职业理念的推广、拓展博士生能力培养宽度、创造丰富的工程项目经历、针对博士群体提供职业咨询与辅导等建议,对中国高校博士工程教育改革与发展具有一定的参考价值。

本书以我的博士论文为基础,经过三年多时间的沉淀、思考和修改得以完成。衷心感谢博士导师刘少雪教授在博士论文撰写中给予的悉心指导,导师总是鼓励我自由探索、辩证思考、抓住逻辑、清晰表达,成为我每每在研究遇到困惑时的指引。特别感谢读博士期间对此项研究给予启发和帮助的老师和同学。最后,感谢上海交通大学教育学院朱佳斌老师、上海交通大学出版社易文娟老师在成书过程中的大力帮助。完成这本书的过程,是激励自己坚持在研究道路上保持探索、勇往前行的一次重要旅程。

特别感谢"教育教学与人才成长研究文库"对此书出版的支持。本书的前期工作曾受到上海交通大学中央高校基本科研业务费专项资金资助项目《创新时代中的工科博士生教育改革趋势》的资助,在此一并感谢!

目　录

图目录

表目录

第一章
工程教育改革背景下的博士职业发展

近年来,尽管理工科博士毕业生前往学术界外就职的人数越来越多,但是关于理工科博士在学术界外职业发展的研究仍然较少,且多以探讨他们的收入、工作满意度等职业情况为主,或以某一特定职业发展因素为切入点开展研究。因此,本章分析了工业界对理工科博士人才的需求变化,以及博士工程教育面临的转型背景,还尽可能地梳理了已有关于博士非学术职业发展及其影响因素的研究,为我们建立企业就博士职业成功影响因素的分析框架提供借鉴。

第一节 工程教育背景下博士人才的需求变化

(一) 科技创新对高层次工程科技人才的需求增加

1. 科技发展对创新提出高要求

知识经济时代,科技正在改变着人类文明和生活。知识生产在各行各业中越来越普及,以知识和技术为导向的工业占全球经济产出的 29%[National Science Foundation(NSF),2016],包括制造业(包括航天和航空、计算机设备、通讯与半导体、制药和科技仪器)和服务业(包括教育、健康、商业、金融和信息服务)[Organisation for Economic Co-operation and Development(OECD),2001]。然而,目前我国的自主研发能力还较为薄弱,与国际前沿水平还存在很大差距。以大型民用客机 C919 为例,我国做出了创新尝试,自主研发了飞行控制率的算法,初次大规模地使用第三代铝锂合金材料,但是我国民用飞机的核心部件(如液压系统等)还是由国外供应商提供。企业作为科技创新的主体,近年来研发活动积极性持续提升,研究与试验发展(R&D)经费稳步提高,为关键核心技术攻关和产业基础能力提升创造条件(国家统计局,2021)。

2. 博士人才对工业界创新有独特价值

博士对科技发展和企业创新有独特价值,包括探索新技术时的文献分析能力、问题解决能力和创新等。有两类企业偏爱招聘博士:一类企业希望招聘有特定知识和技能的博士,例如医药工业企业、研究型企业;另一类企业希望招聘有高级通用技能的博士,例如银行、咨询类企业(Jackson,2007)。和非博士学位获得者相比,博士在动机、产出的质量及数量上都有显著不同(Lee, Miozzo, & Laredo, 2010)。博士能够提升一个企业的"可吸收能力",帮助所在企业学习其他高级技术。博士还能促进商业、工业和国家经济水平的提升,给个人、组织和经济带来显著的回报(Leitch, 2006)。

3. 工业界改善条件吸引博士人才

尽管企业雇主对博士有着特别的期待,希望博士能为企业带来附加价值(Park,2007)。但很多企业的雇主和招聘官称他们并不了解博士可以提供哪些技能和经历,也没有方法招到足够多的博士。英国 GRAD 项目(UK GRAD program)对博士在非学术界就职经历进行调查,给企业和大学的职业服务提出三个建议。第一,企业更多地理解博士的独特价值,将博士看成是特别的群体,认可他们有更高的能力和所做的研究。第二,企业和大学的职业服务应建立博士与企业对话的平台,例如实习,为博士提供与雇主联系的机会。第三,企业和大学的职业服务应建立合适的交流机制,加强职业服务与博士沟通交流的能力,例如一般招聘会对博士的吸引力较小,博士更加偏好邮件和网络形式的信息交流(Jackson,2007)。

工业界一直致力于吸引博士到工业界就职,除了保持高薪水这一优势外,还积极改善非金钱方面的工作环境。企业希望认可研发员工在科学团体中的潜在收益,通过设置激励机制鼓励专业性活动,提倡科学家和工程师与科学团体保持联系。在生物领域,企业将发表论文和其他专业性活动作为晋升考核标准。企业还为博士科学家提供相当程度的自由,尤其对那些参与探索性研究的科学家(Vallas & Kleinman, 2008)。一些企业尝试向外界释放"学术氛围"的信号以吸引毕业生。例如,葛兰素史克公司(GlaxoSmithKline plc., GSK)的高级研究员明确指出,在生物医学行业从事科技职业,尽管会受到一些限制,但会有较多的资金开展研究,有很多展现研究结果的机会(Copeland,2007)。尽管这些做法在一定程度上提升了博士对企业工作的兴趣,但学生长久以来对工业界持有的刻板印象是根深蒂固的。

(二) 传统博士工程教育无法满足工业界对人才的需求

1. 博士毕业生前往工业界就职人数不断增加

随社会发展对高层次工程科技人才需求的增加,前往工业界就职博士人数逐步增加。在美国,1990 年,工业界就职博士人数开始超过终身教职博士;到 1999 年,37.5% 的科学与工程博士在工业界就职,与 25% 从事大学终身教职的博士相比稍多一些(Stephan,Sumell,Black,& Adams,2004)。在爱尔兰,从 2001 年到 2007 年,企业就职博士人数从 420 人增加到 1 179 人,增长了 3 倍;2006 年的数据显示,46% 博士服务教育行业,32% 博士在工业界就职,16% 博士在公共服务业工作(Advisory Science Council[ASC],2010)。我国在 1995 到 2008 年期间,大部分中国博士在毕业后继续从事教学与工作,只有 5.2% 的博士进入企、事业单位(范巍、蔡学军和成龙,2010)。我国 75 所教育部直属高校 2014 届博士毕业生的就业数据显示,18.34% 的博士进入各类企业工作,其中工科类高校前往企业就业比例最高(高耀、沈文钦,2016)。

2. 科技创新和产业变革对新时代工程师提出更高要求

在科技创新和产业升级的背景下,处于变革潮流中的企业在阐释和解决问题时,需要越来越多地综合考虑经济、环境和社会可持续发展以及政治、法律和道德等众多方面的因素。这些变化都赋予工程新的内涵,对新时代工程师提出更高要求,包括具备工程设计的伦理与安全意识,合理运用技术,掌握跨学科能力和情境(context)敏感性等。工程师不再只是为企业谋求商业利益的高级研发人员,还是具有重要社会影响力的技术专家。正如著名的航天工程学家冯·卡门曾说,"科学家发现已经存在的世界,工程师创造未来的世界。"

3. 非学术劳动力市场环境对博士工程师提出挑战

企业就职博士从以学术为导向的博士生教育环境进入非学术劳动力市场后,需要适应工作环境的改变,完成身份角色的转换。和从事学术职业的博士相比,企业就职博士需要集科学家与工程师的角色于一身,既要对科学世界进行前沿性研究,也要将这些知识应用于工程科技创新之中。

在接受博士生教育期间,博士主要是在学术环境中从事和科研、教学有关的活动。当转入企业工作后,博士通常在化学、药物、航空航天、半导体等行业大型企业的研发实验室里,任职于研究岗位,从事研发、设计类工作,或从事非研究型技术类职业,如发展战略或政策咨询、市场营销、技术支持等工作。此时,由于工作环境由大学转变为企业,博士所面临的工作任务性质和要求都发生较大变化。与大学不同,企业以盈利为导向,重视成本节约和短期成果。企业的科学创新与知识生产一般具有非常清晰的目标,项目周期较短,截止日期紧迫,对团队合作要求高。以产品为导向的企业通常采用并行策略开发产品,在发展新产品的过程中有不确定性和风险,科学家和工程师的个人表现直接决定了新产品进入市场的时间。由于工作环境与工作要求发生改变,和从事学术职业的博士相比,进入企业工作的博士面临身份角色的转换。企业就职博士需要集科学家与工程师的角色于一身,既要对科学世界进行前沿性研究,也要将这些知识应用于工程科技的创新之中。

4. 传统博士工程教育为非学术职业准备不足

以学术职业为目标的传统博士生教育培养的博士,会因过度专业、学科狭窄,需要一段时间适应非学术职业,或在团队合作、组织和管理、解决应用问题等方面的表现有所欠缺(Souter,2005;Scott,Brown,Lunt,& Thorne,2004)。当博士生培养无法满足企业雇主及工业界发展需求时,博士生教育的适用性受到质疑。有观点认为,传统博士生教育不仅要考虑怎样满足更广泛需求,更要考虑博士生教育作为一种教育过程和经历,它根本目的何在(Park,2005)。

第二节　博士工程教育的发展趋势

(一) 博士生教育回应社会需求做出改革

1. 发展其他类型的博士学位项目

新时代的政策制定者逐渐意识到,科学与工程人才的培养必须认真考虑非传统科学与工程职业对科学家和工程师的要求。为满足更广泛社会需求,各个国家对传统博士生教育进行改革,发展出各具特色的新型博士学位项目。和传统博士学位项目注重论文等"结果"相比,新型学位项目把博士学位视作"过程",

更加关注学生在这个过程中获得了哪些能力。丹麦和挪威设立工业界博士生项目,瑞士支持博士生在企业与大学合作的研发项目中工作一段时间(Thune,2009)。英国新型博士学位项目最具多样性,有发表论文博士学位、以实践为基础博士学位、专业型博士学位和新制博士学位。其中,专业型博士学位根据学科需要,设置不同类型学位项目,例如心理学博士(DClinPsy)、工程博士(DEng)、教育博士(DEd)、工商管理博士(DBA)、公共管理博士(DPA)、护理研究博士(DNS)等。

新型博士学位项目在与非学术职业的衔接上有一定优势:专业型博士学位项目更加结构化,与雇主及专业团体有合作;新制博士兼具教学与论文元素,时间更短(Raddon & Sung,2009)。但在培养模式、教育经历质量、论文质量方面,新型博士学位项目也受到质疑:传统博士生教育也同样与非学术部门有联系;新型博士学位项目的论文缺少连贯性、原创性、通用性和对文献的挖掘,存在方法上的弱点,在论文展示上也有不足,无法满足高等教育机构关于学位项目的质量标准和要求(Park,2005)。

2. 重塑科学与工程博士生教育

对雇主而言,做原创性研究是博士的一种品质保证,这是传统博士学位项目外其他类型学位项目无法满足的。有学者提出,改造传统博士生教育要优于发展其他类型的博士学位项目(Park,2005)。

美国国家科学院、美国国家工程院和美国国家医学院(National Academy of Science,National Academy of Engineering,Institute of Medicine)提倡重塑培养科学家与工程师的研究生教育,并提出三个重要建议。第一,为学生提供更广泛的学术选择,从学术和职业两方面培养多面手(versatility)的科学家与工程师。在学术层面,建议计划从事研究型职业的学生在毕业前多熟悉几个学科分支,打下宽广学科基础,不鼓励学生过于专业化;在职业技能层面,提供接触真实工作(authentic job)的情境,例如在工业界或政府实习,培养学术界内外雇主都重视的技能,特别是与非专业人士交流复杂观点的能力,以及团队合作能力。第二,提供更好的指导,通过创建就业信息数据库并进行分析,为学生学习和职业选择给予指引。鼓励博士生攻读学位的三种方式:一是根据个人意愿和项目要求,终止攻读博士并获得硕士学位,二是继续读博士获得研究型学位,三是对非传统领域工作感兴趣的学生,设计一项用时较短但仍具有高标准的原创性研究博士论文。其中,第一种选择往往被低估,第三种选择被忽略。第三,在国家层面设计关于高级科学家和工程师的人力资源政策[National Academy of Sciences, National Academy of Engineering, Institute of Medicine(NASEM),1995]。

(二) 博士生教育改革引起争议与追问

1. 学术界对博士就职工业界存在争议

博士到企业就职被看作是高等教育机构与企业展开沟通合作的桥梁,是将知识从大学传播到工业界的一种有效途径(Stephan et al.,2004)。博士生教育改革,既是为了满足博士生非学术的职业兴趣与职业发展需求,也是为了在更大范围内满足社会发展需要。然而,学术界关于博士到企业就职仍然存在争议。在传统意义上,学术界是最喜爱做科学的地方,在这里,教授有高度自由和充分资源去做研究,并拥有工作安全感。薪水和其他金钱利益对学者固然也很重要,但在学界,科学的主要回报与学者的声望、受认可度有关,主要包含在一系列强调发现、开放、分享和学术自由优先的规范中(Merton,1973)。但由于学者在获得资源和寻求资助上越来越难,学术职业的吸引力在下降(Roach & Sauerman,2010)。

但是,很少有博士学位项目鼓励博士生将大学教师以外的职业作为首要职业选择,导师也不总是了解学术界外的信息。很多学位项目,尤其是生物科学领域,鼓励学生将来从事学术职业,将工业界作为第二选择(Jackson,2007)。一些博士生担心,如果自己表示对非学术职业有兴趣,他们的导师会对自己持有负面看法,认为他们缺乏承诺或浪费了他人的时间(Park,2007)。有博士对非学术职业持有刻板印象和负面认识,认为非学术工作缺少知识自由和创造性,需要进一步训练等(Souter,2005)。一些博士会出于环境因素考虑从事非学术职业。例如,由于学术部门工作机会有限,或是为了转换专业领域(Jackson,2007)。还有许多经历4—5年博士后工作以后无法找到学术职位的博士,会选择进入工业界就职(Stephan,2009)。也有博士出于个人偏好主动选择进入非学术部门工作。例如,有的科学与工程博士生在刚开始读博时,就期望在私营部门求职(Mangematin,2000)。Jackson(2007)对10名就职非学术部门博士(大多数是科学与工程领域)的研究发现,他们中大多数人一开始就计划在非学术部门工作。研究发现,关心薪水和获得资源的多少、偏好做下游应用研究的科学与工程博士生,偏好在企业工作(Roach & Sauermann,2010)。促进博士从高等教育机构向非学术界转移,需要让博士生有更现实的期待,对自身优势和弱势有更好的理解,对雇主需求有更多了解(Park,2007)。

2. 关于博士生教育培养可迁移技能的争论

在博士生教育的改革过程中,关于博士学位到底应该被看成是教育还是培训,一直广受争议(Hockey,1991)。例如,大力提高技能训练在博士生教育中的比重,是否会将博士生教育沦为技术教育?是否会挤压研究训练的时间而致使学生花费太多时间在课堂上,缺少发展创造性思维的时间(Cyranoski,Gilbert,Ledford,Nayar & Yahia,2011)?还有人担心,在改革博士工程教育学位项目过程中,拓展项目范围,增强项目灵活性会带来一定风险,例如,如果博士对研究外内容产生兴趣,会花费较少时间在核心内容上,分散提升研究质量和视野的精力。

Golde 和 Walker(2006)认为,博士生教育不应只适用于培养学者,也应为培养非学术人才服务。博士生教育应致力于培养"T 形人才","T"形中的竖线代表在专业研究领域中具备足够的知识深度,"T"形中的横线代表在知识和技能上都具有足够的宽度,使得自身不仅能够适应学术研究,还能适应学术以外的领域。还有学者将传统博士生教育比喻成"旅途(journey)",是一种凭借内在力量克服种种困难的精神旅途,其中韧性是关键因素;将偏向专业型的博士生教育比喻成"工作(work)",关注那些成功博士必备的品质,例如习惯、知识和技能的发展。这两者不是对立的,当代大学应当允许多种形式的博士生教育存在,让学生可以自由在这两种模式之间转换(Hughes & Tight,2013)。

美国国家科学院、美国国家工程院和美国国家医学院在 1995 年发布的《重塑科学家与工程师的研究生教育(Reshaping the Graduate Education of Scientists and Engineers)》报告强调改造博士生教育并不是信奉"职业教育论(vocationalism)"——将每个学生置于某个特定职业轨道,在狭窄的专业里"训练"学生。在增强研究生项目通用性的过程中,不应在其他重要目标上有所妥协,应始终保持为研究型职业做准备的目标,保证研究的卓越性(NASEM,1995)。Akay(2008)强调,博士工程教育改革并不是要去除专业化,要求每个研究生去学习技术领域以外的事。博士工程教育的复兴,需要坚持专业化作为研究生工程教育的品质保证,倡导博士候选人兼具深度和广度。新的教育模式需要确保理工科博士具备专业领域内的一流知识,掌握学术界、商业或政府工作所需的职业技能,包括领导力、确认和解决问题能力、处理困境能力,成为思考者和战略者,保持与世界的相关性。博士候选人应当挖掘自身的天赋和兴趣,获得智慧和发展技能,全面参与到今日以知识为基础的经济中。

3. 博士的职业发展成为衡量博士生教育影响的重要视角

随着博士生教育模式的不断革新,从事非学术职业博士人数的增长,博士生教育在多大程度上满足了个人期望、行业和国家经济发展的需求,受到多方关注。学术界希望通过调查博士学位获得者的"影响(impact)"来回应这些疑问。但是,对"影响"进行研究会遇到很多难题,例如,如何对"影响"下定义? 对博士哪些方面的"影响"进行研究? 又如何对这些"影响"进行测量? 如何衡量这些"影响",也十分具有挑战性(Hunt,Jagger,Metcalfe,& Pollard,2010)。

已有研究通过考察博士学位拥有率、收入水平、雇主评价来测量博士学位的"影响"。Rudd(1990)用以下指标衡量博士学位对特定职业的价值:该职业中是否有高比例的人拥有博士学位;博士是否认为博士生教育期间所学与该职业特别相关;该职业雇主是否对博士特别关注。Mertens 和 Robken(2013)对博士收入进行研究,测量博士学位对个人的经济价值。教育被看成是一种投资,后期收入被用作计算教育投资的私人或社会回报。Hunt 等(2010)通过雇主对博士价值(value)的评价,来理解博士在工业界的影响。雇主认可博士作为独特群体的价值,是创造、传播知识和创新的最有资格人选;博士能为企业带来知识和技能,促进创新,还通过参与慈善活动、社区活动、激励他人学习等方式产生社会影响力。

第三节　博士非学术职业发展的研究

(一) 博士的职业发展情况

研究已毕业博士的职业发展,需要掌握博士毕业后的职业信息。美国、英国、澳大利亚、爱尔兰等国家对博士毕业生进行职业信息调查(Nerad,2004;Schwabe,2011;Raddon & Sung,2009;Auriol,2010),建立博士职业发展数据库。我国也对全国的博士生培养单位开展调查(范巍等,2010)。这些调查报告了博士毕业生分布在各类工作部门、职业类型上的情况，以及就职不同就业部门博士的收入与满意度情况。

1. 英国博士的就业部门与职业类型

关于英国博士毕业生的就业研究，收集和分析了博士毕业后第一次就业的信息。Rudd(1990)对 1972—1977 年毕业于英格兰、苏格兰和威尔士 21 所大学的毕业生进行调查，主要关注社会科学领域。调查发现博士就业集中在教学(45％)和研究(25％)岗位上，前往工业界的博士非常稀少。2003 年，英国高等教育毕业生调查(Destination of Leavers from Higher Education，DLHE)的数据显示，自然科学与工程博士就职人数最多的三大职业领域是：科学研发职位(24.1％)，教授、副教授和技术职位(21.2％)，工程类职业(15.3％)。

关于英国博士的职业发展研究，收集和分析了博士毕业若干年后的职业信息，包括就业领域和职业类型。21 世纪初，英国各学科领域研究理事会在各学科领域开展大规模职业发展调查(DTZ Pieda Consulting，1999；DTZ Pieda Consulting，2010)。① 物理科学院(Institute of Physics)对 1988—1990 年、1994—1995 年间做博士后的人群进行职业发展调查，发现在第一次博士后的 9—11 年后，47％的博士在高等教育机构工作，35％的博士在私营部门工作，17％的博士在公共部门工作。在高等教育机构工作的博士中，大多数博士属于永久性合同，仅有 19％的人获得永久性职位。其中，有一半博士感到不安全感，但他们仍旧享受工作，愿意留在高等教育机构继续工作；另一半人担心长期职业发展，希望在未来获得永久性职位。在私营部门工作的博士更少地愿意再重复一次博士后经历。他们前往私营部门工作，是认为博士对私营部门具有价值，也可能是由于高等教育界长期缺乏职位(DTZ Pieda Consulting，1999)。② 颗粒物理和天文学研究理事会(Particle Physics and Astronomy Research Council，PPARC)在 2003—2009 年间对毕业 6—9 年的博士开展三次博士职业发展调查，数据显示，随时间推移，博士在高等教育机构工作的比例从 47％降到 35％，又回升到 47％；在私营部门工作的比例从 24％升至 48％，又降到 27％；在公共部门工作的比例从 24％降到 12％，又回升到 22％。2009 年的调查数据显示，在高等教育机构工作的博士中，44％是博士后研究者，25％获得永久性教职(包括讲师、高级讲师、其他永久性教学/研究型职位和其他非教学/研究职位)；就职于私营部门的博士，主要服务于商界的信息技术公司、软件公司和金融服务公司

(DTZ Pieda Consulting，2010)。③ 人文社科研究理事会(Arts & Humanities Research Council)对已毕业 6—9 年的博士开展职业发展调查,发现大部分博士从事"需要技能的专业性职业",具体为 74% 的博士在高等教育机构工作,8% 的博士在"独立组织"工作,7% 的博士在私营部门工作(DTZ Consulting & Research，2006)。Spencer，Jepson 和 Mills(2005)对经济和社会研究理事会(Economic and Social Research Council，ESRC)资助的社会人类学博士进行职业调查。数据显示 60%—65% 的博士在高等教育机构工作,13% 的博士在私营部门工作,21% 的博士在公共部门工作。综上,英国各学科领域研究理事会的博士调查,描绘了英国博士在毕业后的职业发展情况,但还存在以下缺陷:① 研究由各个学科领域研究理事会分别实施,没有采用统一的、标准的指标,导致无法比较不同学科领域博士职业发展情况差异。② 研究对象局限于受理事会资助的博士,不包括接受其他方式资助的博士。③ 调查回收率低。由于没有对博士毕业后的联系方式进行跟踪更新,只能根据博士毕业时的联系方式采集数据,导致问卷回收率低。这是毕业后职业调查共同面对的挑战,长期的数据收集需要所有利益相关者共同配合才能做到(Raddon & Sung，2009)。

曼彻斯特大学对 1998—2001 年毕业的自然科学和工程博士开展职业发展调查,对他们从事的职业类型及发展变化进行分析。将他们从事职业区分为三种类型:学术/公共研究职业,制造业中技术类职业(如研究、开发、设计或生产),非传统技术职业(Lee，Miozzo，& Laredo，2010)。该研究将博士毕业后第一份工作与受调查时所从事职业进行比较分析发现,从事三种职业类型博士的人数随时间发生变化。① 学术/公共研究职业。博士毕业后第一份工作选择学术/公共研究职业的比例为 42%,其中大多数是博士后研究职位,27% 的人获得永久性职位,其余的属于有固定期限的合同。在毕业工作 7—10 年后,从事学术/公共研究职业的博士降到 30%,其中 36% 的人仍签署有固定期限的合同。在第一份工作是学术/公共研究职业的博士中,28% 的人转移到传统技术职位外的岗位。② 制造业中的技术类职业。博士毕业后第一份工作选择制造业中技术类职业的比例为 21%,毕业工作 7—10 年后下降到 12%。在第一份工作从事制造业中技术类职业的博士中,有 60% 的人转移到传统技术职位外的岗位上,包括从技术人员晋升到管理者。③ 非传统技术职业。毕业后第一份工作选择非传统技术职业的博士有 37%,毕业工作 7—10 年后上升到 58%。在第一份工作从事非传统技术职业的博士中,91％的人维持这个类型的职业。进一步分析非传统技术岗位,34％博士在服务行业就职关于项目、软件开发或咨询的技术职位;29％博士成为私营部门的管理者;20％博士就职学术/公共部门的非研究型职位;11％博士任职学校教学或其他类型的讲师职位;其余博士从事私营部门的市场、专利律师、销售、技术协作者和商业分析人员的工作。

2. 其他国家博士的就业部门和职业类型

受美国研究生院委员会(Council of Graduate Schools,CGS)和美国大学协会(Association of American Universities,AAU)支持,"博士毕业十年后"项目(Ph.D.s -Ten Years Later)对美国 61 个博士学位机构的生命学科(生物化学)、工程(计算机科学、电气工程)、人文(英语)、物理科学(数学)和社会科学(政治科学)学科的 6 000 多名博士进行职业发展调查(Nerad,Rudd,Morrison,& Picciano,2002)。数据显示:① 从总体上看,毕业 10 年后,53％博士在学术界工作,接近一半的博士在非学术界工作。在学术界工作的博士中,39％博士在授予博士学位的大学机构工作,14％博士在不授予博士学位的大学机构工作。在非学术界工作的博士中,超过 1/3 博士在商界和工业界工作,4％博士为当地、州立和政府部门工作,2％博士为军队、大学医院、社区学院和其他雇主工作。② 不同学科博士就业领域分布不同。毕业 10—13 年后,超过 2/3 的数学博士和政治学博士在学术界工作,超过半数的生物学、计算机科学、电气工程学博士在商界、政府和非营利组织工作。

爱尔兰的科学咨询委员会(Advisory Science Council,ASC)的博士职业发展调查显示,57％的博士任职研究岗位,这些研究岗位主要集中在高等教育机构(47％),7％的博士任职在工业界,还有 3％的博士任职在政府部门。博士就职人数最多的行业是生物和医药、电子和电气、软件/计算机和其他服务业。在医药和化学、食物饮品部门,博士研究者比例分别占 33％、20％(ASC,2010)。

西班牙对 1990—2006 年间毕业于西班牙大学的博士进行职业发展研究(Canal-Domínguez,2013)。数据显示,45％的博士在高等教育界工作,36％的博士在公共管理部门工作。

法国的一项研究显示,在进入劳动力市场的年轻博士中,只有不到一半的人在公共部门或私营部门中工作,20％的人在不需要博士学历的岗位上工作或是处于反复失业状态(Béret ,Giret & Recotillet,2003)。

(二) 博士的非学术职业情况

1. 就职企业特征

从事非学术职业的博士所就职企业的特征主要体现在两个方面,企业所在地点和企业性质(Sumell,Stephan &Adams,2009)。① 博士就职企业所在地点折射出博士毕业院校所在地区和就职企业所在地区之间的关系。Stephan 等(2004)考察 1997—1999 年间博士毕业生的职业数据,发现美国中西部地区有明显博士外流,太平洋和东北部有明显的博士流入。Sumell,Stephan 和 Adams (2009)对博士在工业界的就业地点进行研究发现,36.7%的博士就职企业所在地和授予博士学位大学所在地一致,和本科(62%)、硕士(60.2%)相比,这一比例都相对较低。② 博士就职企业性质的研究发现,博士主要就职于研发企业,但所在企业的研发投入程度存在差异。Stephan 等(2004)考察 1997—1999 年间博士的职业数据,发现近 40%理工科博士在世界前 200 的研发企业工作,来自计算机科学和工程领域的博士人数最多。Stephan(2009)将来自第一阶段(1997—1999 年)和来自第二阶段(2000—2002 年)博士的信息结合分析发现,平均 44.1%博士就职于世界前 200 研发企业,平均 5.5%理工科博士前往美国前 200—500 名研发企业,也就是说,还有大约有 50%的理工科博士在对研发投入较小的企业工作。

2. 收入

收入是用来反映职业成功的常用指标。博士收入反映博士学位在劳动力市场中的价值。早期在制造业和管理界,博士的平均薪水低于拥有硕士学位或非本科的人(Rudd,1990)。现阶段,企业就职博士的工资较高,博士比没有博士学位个体的工资要高(Mertens & Robken,2013)。企业就职理工科博士工资比大学就职博士要高(Canal-Domínguez & Rodriguez,2013)。英国颗粒物理和天文研究理事会(Particle Physics and Astronorny Research Council,PPARC)的博士职业发展调查显示,以英国专业型职业的平均收入水平为基准,74%就职于私营部门的博士高于该平均水平,60%就职于大学的博士高于该平均水平;在收入的最高水平(50 000—99 999 英镑)上,就职于私营部门博士人数最多(33%),其次是就职于公共部门的博士(18%),大学就职博士所占比例最少(9%)(DTZ Pieda Consulting,2010)。蔡学军和范巍(2011)对我国企业就职博士的平均月收入调查显示,企业就职博士的平均月收入在"5 000～9 999 元"、"10 000—19 999元"和"20 000 元以上"的比例,高于高等院校和科研院所、政府部门和事业单位就职博士。

也有研究发现不一致的趋势。Canal-Domínguez 和 Rodriguez(2013)发现人文社会科学领域,大学就职博士比企业就职博士薪水要高。Agarwal 和 Ohyama(2013)发现从职业生涯初期到后期,工业界科学家工资的增幅不如学术界从事应用研究的科学家。Canal-Domínguez 和 Wall(2014)发现私企就职博士比就职于公共部门的博士薪水低,但仍高于大学就职博士的薪水。

3. 职业晋升路径

Cox 等(2011)对工科博士毕业生的职业晋升进行分析发现,企业就职博士呈现线性职业轨迹,即经历从工程职位到管理者再到领导者的职位变迁过程。

爱尔兰科学咨询委员会(ASC)分析了博士在化学部门的职业升迁路径。博士在进入企业时通常在一名有经验的化学家或管理者指导下,在专注技术或产品发展的团队中工作。在熟悉相关技术后,博士会得到第一次晋升,成为项目领导者,管理技术人员。下一步会被提升为项目组领导者,负责管理 3—5 名科技人员。进一步,博士会被提升到管理层,例如,成为负责有 7—20 人的产品研发团队或有 7—15 人的技术领域项目组管理者(ASC,2010)。

中国博士发展质量调查显示,相比就职于高等院校和事业单位的博士,企业就职博士在过去三年晋升次数多,而总晋升次数少(蔡学军,范巍,2011)。

4. 工作满意度

博士的工作满意度体现在自身对工作各方面的主观评价,因工作部门、学科背景以及工作满意度维度的不同而有所差异。

不同工作部门博士的工作满意度有差异。Canal-Domínguez(2013)对在1990—2006 年间毕业于西班牙大学的博士毕业生(样本包括 29.2% 的自然科学博士和 9.6% 工程科技博士)进行调查,主观职业成功指标采用个人对工作各方面(社会贡献、社会地位)的主观评价,发现企业就职博士的职业满意度高于公共部门就职的博士。Canal-Domínguez 和 Wall(2014)分学科进一步考察发现,公共部门就职的自然科学博士的主观评价高于企业就职自然科学博士。中国博士发展质量调查显示,相比高等院校和事业单位就职的博士,企业就职博士的工作满意度最低,留职意愿也最低(蔡学军,范巍,2011)。

　　在工作满意度的不同维度上,非学术职业博士在"外在"维度上比较满意,在"内在"维度上感到不满意。Tzanakou(2012)将职业满意度分为三个维度:内在维度,包括兴趣任务、独立工作、满足职业目标、与博士生教育的相关性、就业状态;工作—生活维度,包括一些工作的"外在"指标,例如工作时间、条件、工作—生活平衡和地点;工作回报维度,包括薪水、晋升和工作安全感。研究结果显示,非学术职业博士的工作安全感比学术职业博士要高,但是,在内在维度的满意度上要比学术职业博士低,并且差异显著。Di Paolo(2012)对毕业4年后、西班牙出生的博士进行职业调查发现,和教授相比,非学术职业博士在工作的经济方面更加满意(主要是由于更高的薪水),但对工作内容以及工作与技能的匹配性感到不满意,工作幸福感也更低。Purcell等(2005)对社会科学领域的博士研究发现,他们在贡献理念、学习新技能、工作条件、灵活的工作安排、可供资源、工作时长、工作安全感、与团队关系、晋升等12个方面的满意程度呈现不同水平。非学术职业博士比学术职业博士显示出更高的满意感,尤其在工作安全感和晋升方面。但当询问当前工作是否适合博士学位获得者时,学术职业博士更倾向表明这是一份合适的工作。

(三) 博士非学术职业的影响因素

1. 个人特征

　　影响博士非学术职业的个人特征包括性别、年龄、婚姻状况、种族等。Canal-Domínguez和Wall(2014)对1990—2006年间毕业于西班牙大学的博士调查发现,年纪小、已婚的男博士,薪水更高;年龄大、已婚的女博士,对工作各方面(社会贡献、社会地位)的主观评价更高。Turk-bicakci,Berger和Haxton(2014)分析了在科学、技术、工程和数学(Science,Technology,Engineering and Mathematics,STEM)领域从事非学术职业的博士在性别和种族上的差异。

2. 教育背景

　　影响博士非学术职业的教育背景包括博士毕业院校和所属学科。① 博士毕业院校。Stephan(2009)分析了在1997—2002年间工业界就职博士的博士毕业院校,发现来自斯坦福大学、伊利诺伊大学厄巴纳-香槟分校、加州大学伯克利分校三校的博士人数排在前三位。② 所属学科。Stephan(2009)研究发现,从1973—1999年,从就职工业界博士的所属学科来看,工程和化学领域博士所占比例最高,生命科学领域博士所占比例最低。到 2003 年,这一趋势仍然不变:工程和化学领域博士就职工业界人数比例最高(55.9%,54.7%),生命科学领域就职工业界博士人数比例最低(25.8%)。Stephan(2006)将第一个阶段(1997—1999 年)10 932 名博士和来自第二个阶段(2000—2002 年)10 833 名博士的信息进行比较发现:在工程、物理、地球科学领域,虽然博士毕业生人数在减少,但就职工业界博士的比例却依然有所增长;在化学和生物领域,博士毕业生人数在增加,就职工业界博士的比例也随之增长;由于经济低迷,学习计算机科学、数学的博士在减少,就职工业界博士的比例也随之降低。

3. 企业所在特征

博士所在企业的特征影响博士的非学术职业发展。Cruz-Castros 和 Sanz-Menéndez(2005)发现,影响西班牙企业就职博士薪水的企业特征有:企业是否在创新区域,企业过去五年是否参与公共研发项目,企业是否与公共研究机构有合作。Thune(2009)发现博士毕业生是否在企业获得工作取决于企业与大学之间的合作关系,也取决于企业研发部门的发展情况。

4. 能力

能力对博士非学术职业有重要影响。研究发现,不同行业、不同类型的企业雇主对博士能力的需求不同,并且企业需要的能力和博士自身认为对工作有用的能力之间,有所差异。

不同行业对高层次技能的需求也不同。大多行业主要关注低层次技能,当行业对博士能提供的能力缺乏认识时,给博士毕业生的机会也很有限(Raddon & Sung,2009)。科学、工程与制造业对博士有着较为明确的角色定位,在咨询行业中博士也非常有用(Jagger & Connor,2001)。医药和生物技术行业也认可高技能研究者,这两个行业领域中 60% 的企业雇用了博士毕业生(Raddon & Sung,2009)。

企业雇主所重视的博士能力,因企业需求不同而有差异。一些企业重视博士偏学术的问题解决和创造性思维能力,一些企业追求博士偏技术的软技能(Connor & Jagger,2001)。研发活跃的企业认为博士能提高企业可吸收能力,带来新知识、工作方法、个人网络、解决复杂问题的能力(ASC,2009)。研究密集型企业的雇主认为,博士员工对企业的作用体现在他们具备的知识和能力,包括:专业技术、创新/创造力思维、问题解决和故障定位能力(DTZ Pieda Consulting,

2011)。有企业雇主希望博士拥有与工业界有关联的能力,能将科研能力合理地运用到工业界情境中(Haapakorpi,2017)。有企业招聘博士不仅是为了生产和吸收科学知识,让博士承担创新过程中的上游角色,还需要博士在下游任务中进行知识探索(Herrera & Nieto,2015)。有企业需要博士的工程技能和领导力(Watson,2011)。相比专业知识和技能,有雇主更认可博士员工的个人技能和素质、成熟和职业控制感(Tzanakou,2012)。博士在同客户协商时,展现出在技术和研究方面的交流能力在一定程度上能增加企业的地位和声誉,尤其对私人研发机构、科学工程领域的中小型企业来说。但有时,博士过于独立,在融入工作文化上可能有困难(Snape,Rix,White,& Lewis,2001)。

博士自身认为的对企业工作有价值的能力,因就职工作部门、岗位不同而有差异。私营部门就职博士认为与工作相关的能力包括问题解决、软件编码/程序技能、团队合作/沟通技能、信息技术系统技能、项目管理(DTZ Pieda Consulting,2010)。Cox 等(2011)发现,工业界就职工科博士认为领导力、团队合作、商业管理和交流技能对工作很有价值。Lee 等(2010)发现在制造业技术岗位就职的理工科博士更看重"项目管理技能",传统技术岗位以外的理工科博士更看重"一般分析技能""项目管理技能""问题解决能力"。在英国获得学位的博士强调,他们收获了可雇佣技能(例如展示、交流和团队合作技能)(Tzanakou,2012)。中国博士发展质量调查显示,企业就职博士对胜任力要素评价中,团队引领能力被提及的频率最高(95.37%),其次为战略决策、开拓创新、社会沟通、实践应用、职业道德、环境适应、压力承受、奉献精神、独立工作、管理知识(蔡学军,范巍,2011)。

5. 社会网络

博士的社会网络对职业选择与发展有重要影响。Mangematin(2000)发现,如果博士生导师更注重科研产出,会对博士进入企业工作形成阻碍。中国博士发展质量调查显示,在上级和同事对当前工作的影响上,企业就职博士的评价要高于就职高等教育机构或事业单位的博士,而在读博期间认识的同学和朋友对当前工作的重要性上,企业就职博士的评价要低于其他两类博士(蔡学军,范巍,2011)。

博士与学术界相联系的社会网络对其所在企业有重要帮助。作为知识生产者,博士在大学服务经济发展中扮演重要角色,是实现知识和技术转移的载体,是维持大学与工业界之间联系的重要通道。博士通过构建与学术社区之间的联结,例如发表文章、成为行业协会成员和参与学术会议,对工业界起到促进作用(Subramanian,Lim,& Soh,2013)。通过与不同社会和专业背景的人接触,博士在研究生涯中发展了社会资本,并通过这样的社会资本进入科学知识网络,从而与来自大学与技术中心的研究者形成联盟,帮助企业克服寻找创新伙伴的困难(Dietz & Bozeman,2005;Haapakorpi,2015)。

企业对博士的社交能力也有一定要求。在专业技能外,企业希望博士具备人际交往、构建社会网络等能力(Watson,2011)。对雇主来说,和学士学位获得者相比,博士不仅在技术操作、开展研究、文献综述写作、拥有更广泛学科知识方面更具优势,同时还具备专业范围交往技能,例如较好与客户打交道的能力(Jackson,2007)。研究发现,工业界就职博士更倾向于使用领英(Linkedin)社交网络,有更大的网络社交圈子(Baruffaldi,Di Maio,& Landoni,2017),对企业发展形成潜在促进作用。

6. 博士生教育经历

博士生教育经历在博士非学术职业成功的道路上作用关键(DTZ Pieda Consulting,2010)。具体表现在:

博士学位是入职特定岗位的前提条件,博士学位越来越多地成为非学术部门研究型岗位入职的必备条件(UK Council for Graduate Education[UKCGE],1998)。博士生教育给个人带来一系列收益,一是帮助博士获得个人成长,例如独立思考、自我促进、成熟;二是提升博士的专业能力,例如创造性思维,以工作中不可能的方式追求专业,进行基础和应用研究(Snape et al.,2001;Purcell et al.,2005)。

博士生教育期间的科研经历(包括发表论文情况和工业界经历)影响博士非学术职业的就职和发展。博士到企业就职受到博士生教育期间发表活动质量和深度的影响(Cruz-Castros & Sanz-Menéndez,2005)。企业更偏好在博士生教育期间有过工业界经历的博士,认为他们不仅掌握更广阔技能,还拥有包括导师、学术伙伴在内的人际关系,能促进企业和大学之间建立合作关系(Thune,2009;Tzanakou,2012)。然而,工业界认为博士的弱势也体现在他们往往缺少工业界经历(UKCGE,1998)。有工作经验的硕士学历者是博士强有力的竞争者(McCarthy & Simm,2006)。相比三年或更久的博士生教育经历,偏向技术和实践的职业领域更加看重三年的工作经历(Raddon & Sung,2009)。Cox,

Zhu，Ahn，Torres-Ayal 和 Ramane(2012)对 40 位工程领域专业人士访谈后提出，博士生教育应加强与工业界的合作，为博士生提供更丰富的实践经历，提供兼具深度和广度的课程，培养工科博士生口语和写作表达能力为毕业后职业发展做更多准备。

攻读博士学位也有一定风险，对博士毕业后从事非学术职业有不利影响。例如，个体要花很多时间在学习上，会较晚进入劳动力市场并因此缺少工作经验，收入也较低，不可避免地对家庭生活产生影响。博士还常常在一些方面缺乏训练，例如缺少商业和管理技能、人际交往技能。他们对薪水和晋升的期望往往过高，从高等教育机构转移到其他工作部门时，受到的支持也较弱(McCarthy & Simm，2006；Park，2007；Souter，2005)。在博士生学习期间，个体还缺少自由时间、个人和社会生活，由于沉浸在只与大学同事接触的封闭研究环境中，较少有时间参与非博士群体的活动。雇主招聘博士需要付出一些其他代价：一方面博士会给企业带来"内在冲突"，即博士所在团队的领导可能是一名年轻有职业经历的非博士学历者；另一方面，博士还有"内心斗争"，会把非学术工作作为第二选择(Tzanakou，2012)。

当前，博士生教育仍然缺少与工业界的联系，为非学术职业准备不足。一项对美国毕业于 1996—1999 年间，就职于学术界内外的，社会科学领域博士毕业生的调查发现，他们评价博士学位没有为他们的职业做好准备(Nerad et al.，2011)。博士学位项目还被认为存在过度专业化、训练狭窄、缺乏与工业界联系等问题，由于过于适应于培养未来的学者而对成为其他领域专业人士的博士处理重要工作问题缺少帮助(Scott et al.，2004)。我国博士对博士生教育鼓励博士生选择多元化职业和提供满足职业需求课程方面的满意度较低(罗英姿，顾剑秀，2015)。中国博士发展质量调查显示，企业就职博士对读博期间研究项目经历对当前工作的重要性评价上要低于其他单位就职的博士(蔡学军，范巍，2011)。Cumming(2010)分析了博士生教育与商业环境之间的关系，认为博士生教育不应是投入(人力和物力投资)——产出(博士毕业生)的单一系统，而应该被看成是包含众多相互关联元素的综合系统。

7. 价值观

博士的非学术职业选择还受到个人价值观的影响。Bloch，Graversen 和 Pedersen(2015)对 1914 名丹麦博士进行研究，发现喜爱科学的博士更倾向选择在大学和商业领域的研发岗工作;对薪水、福利和晋升有更多偏好的博士,更倾向选择在公共和商业部门研发岗、公共部门非研发岗工作;对平衡工作家庭关系有更多偏好的博士,追求研究职业的博士,更不愿意在商业部门工作。

8. 组织承诺和专业承诺

组织承诺和专业承诺会对企业就职博士的职业发展有重要作用,是激发博士研发员工的动力。组织承诺是指博士对就职企业的心理认同和由此建立的心理联结,专业承诺是指博士对自己职业的心理认同和心理联结。Chang 和 Choi(2007)考察 204 名韩国两大电子企业就职博士研发人员的组织承诺和专业承诺,其中,86% 博士研发人员获得工科博士学位,14% 获得自然科学博士学位。研究发现,博士研发人员的组织承诺呈现 U 型变化趋势,在刚进入企业时呈现较高水平,在 7—12 个月时有明显下降,一直到第 36 个月,组织承诺都维持在较低水平。在进入企业 3 年后,组织承诺呈现适当回升。在刚进入企业时,专业承诺和组织承诺一样处于较高水平;在 6 个月后,专业承诺有显著提升;在 12—18 个月时,专业承诺和组织承诺呈现相反趋势,得到相互补充。结果说明,在进入企业最初 18 个月里,组织承诺和专业承诺有互相补充效应,但是后期两者都呈现稳定状态。

综上,已有关于博士非学术职业的研究对理工科企业就职博士的薪水、工作满意度和职业路径进行考察,分析了个人特征、教育背景、企业所在特征、能力、社会网络、博士生教育经历、价值观、组织承诺对理工科博士职业选择、职业发展的影响,为本研究提供了研究基础和重要启示。但相关研究更多聚焦分析博士个体的能力、社会网络和博士生教育经历在理工科博士非学术职业发展中的重要性。由于缺少博士毕业后信息,关于个体职场的工作经历、组织因素对博士职业发展具体作用的深入探讨还比较匮乏。

第二章
社会认知职业理论在博士职业研究中的应用

理工科博士的非学术职业发展是一个复杂过程。对于职业复杂现象,社会认知职业理论(Social Cognitive Career Theory,SCCT)认为,人们的职业行为与结果不仅受到个人投入因素(如个人特质、能力)、社会支持因素(如个人社会网络)、背景因素(如客观环境和主观心理环境)、学习经历的影响,还受到个人认知因素(自我效能感和结果期待)的作用。本章在回顾社会认知职业理论及相关研究的基础上,构建了企业就职博士职业成功的综合理论框架,并综合已有研究关于博士群体职业发展的理解,提出本研究的研究问题和目标、研究方法与设计,并对核心概念进行了界定。

第一节 社会认知职业理论及其
在职业研究中的应用

(一) 职业研究的理论基础

1. 人力资本理论

"资本"概念最早出现于经济学领域。经济学家 Smith(1952)在《国富论》中将人力资本定义为"社会居民或成员习得的有用的能力",并深入探讨了教育以及人力资本的重要意义。他认为,发展才能需要接受教育,虽然会花费一些成本,但学习到的知识和技能会固定在学习者身上,成为一种固定资本,它是个人以及社会财产的一部分并且是能够得到回报的投入。经济学家 Marshall(1920)在《经济学原理》中充分认识到教育和培训的重要作用,把"教育作为国家投资"

来看待，对人力进行投资，不仅能够直接获益，而且还是社会物质财富不断增长的手段。

Schultz(1961)提出了人力资本投资形式和人力资本的计量方式，认为"人们获得了有用的技能和知识……这些技能和知识是一种资本形态，这种资本在很大程度上是慎重投资的结果"。Becker(1993)提出了人力资本投资收益的计算公式，同时比较了不同教育等级之间的收益率差别。Becker 强调人类通过教育、培训或其他活动对自身进行投资，获得对个体有利财富。Mincer(1974)提出的用于考察教育收益的"明瑟收益率模型"沿用至今。现代意义上的人力资本理论由此诞生，此后关于人力资本理论的研究都基于这三大学者理论基础之上。

我国学者王建民(2001)把人力资本概念分为广义和狭义，"广义的人力资本涉及人的体质、智力、知识和技能四个部分，狭义的人力资本只包括凝聚在人身上的知识和技能两部分"。康小明(2009)提出，人力资本是凝结在人身上的知识、技能、经验和健康等的总称。

人力资本的测量较为复杂，就个体而言，因成长环境、个人经历不同，人力资本难以完全量化。自人力资本理论诞生以来，许多学者对由教育形成的人力资本与教育收益进行实证研究，多用教育程度、教育年限等作为人力资本的替代指标。此外，还有一些研究用培训、工作经验、工作时间等因素作为人力资本的替代指标。也有学者通过考察高等教育的内在要素对收入等职业发展的影响，这些要素通常有学校层次、学校声望、课程、成绩、专业领域、专业—工作匹配度、奖学金获奖情况、四六级证书获得情况、实习经历等(康小明，2009；Taubman & Wales，1973)。

2. 社会资本理论

Bourdieu(1986)认为，社会资本是"以社会声誉、头衔为符号，以社会规约为制度化形式。特定行动者占有的社会资本数量，依赖于和他有联系的每个人以自己的权利所占有的(经济的、文化的、象征的)资本数量的多少"。Coleman(1988)提出，社会资本是"个人拥有的社会结构资源"。

在社会资本概念正式提出之前，社会网络理论已经发展起来。Granovetter(1973)提出"弱关系假设"，认为关系网络的不同结构及个人在关系网络中的不同位置，将直接影响人们的经济行为和获取信息的难易程度。Granovetter(1995)研究个人求职行为时发现：一个人获得与职业相关有价值的信息，以及个人流动到地位较高且薪水较为丰厚的职位，往往与他关系一般的亲戚朋友有着密切关系。强关系所连接的群体成员社会经济特征具有很大相似性且比较亲密，信息和资源能快速被分享导致信息重复性高；而弱关系连接的是不同群体，它比强关系更能发挥信息桥的作用，从而跨越社会边界获取不同群体间有价值的信息。

林南(2005)认为社会资本是个体为了在嵌入性资源中获取回报，通过工具性行动或表达性行动在社会关系中的投资。社会资本是内嵌于社会网络中的资源，行为人在采取行动时能够获取和使用这些资源。这种从个体角度出发对社会资本的考察，促进了社会资本与职业发展关系之间的实证考察。

3. 社会认知理论

Bandura(1977)提出社会认知理论(Social Cognitive Theory)，为解释个体职业差异提供了理论基础。该理论认为，自我效能的信念系统是人类动机、幸福和个人成就的基础，只有人们相信通过自己的行动能够达到预期的结果，否则没有什么力量能够引导人们去面对困难，并在其中坚持不懈。个体将自己看成是有能力的人能更好地参与他们感到有自信且有能力胜任的任务中。个体、环境、行为三种因素两两互相作用：个体既不完全被环境控制，也不完全由个人意愿主导；个体一方面受到他们所处环境的塑造，同时也对环境产生影响。个体的行为表现影响和改变着他们自身的自我效能感，自我效能感又会影响未来选择、行动和表现。自我效能感包括四种来源：过往成就，替代性学习(观察学习)，语言(社会)劝说，心理状态(Bandura，1986)。其中，过往成就的影响最大，积极的成就结果能增加个体的自我效能感，而负面的成就结果则降低自我效能感。

Betz 和 Hackett(1981)设计了一个研究去检验班杜拉的自我效能理论在解释女性职业发展中的适用性，验证了以职业为基础的自我效能感对职业行为有着显著影响。

(二) 社会认知职业理论的发展

1. 职业理论的发展

关于个体职业的经典理论与研究有三种类型：过程理论、内容理论以及结合过程和内容的理论。内容理论有 Parsons 的人职匹配理论和 Holland 的职业兴趣理论，关注个体及其特质(例如人格、信念、价值观、兴趣)与不同类型职业之间的匹配；过程理论如 Ginzburg、Super、Greenhaus 分别提出的职业生涯发展理论，以及 Gottfredson 的职业抱负理论，把职业看成一个连续的、发展的、动态的过程,关注个体和其他背景变量的互动(例如劳动力市场、社会—文化环境);而结合两者的理论,有 Krumboltz 和其同事一起提出的职业决策社会学习理论、社会认知职业理论(Social Cognitive Career Theory,SCCT),既关注个体和环境因素,又关注职业行为中两者之间的互动(Patton & McMahon,2014)。

2. 社会认知职业理论的发展

之前的职业理论尽管已经关注人与环境的互动,论述了职业是个人与环境不断互动的动态过程,但是无法完全解释不同个体的职业差异是如何形成的。

Lent,Brown 和 Hacket(1994)提出社会认知职业理论,吸纳之前经典职业理论中的核心元素,例如人格特质、社会学习、发展阶段等,并将社会认知理论拓展到个体职业发展领域,第一次将自我效能感确定为职业发展的重要因素,关注职业背景下的个人发展,为个体职业成长提出全面阐释。

为了更好地阐释职业发展过程中的个体差异,Lent 和 Brown 又继续提出三个理论模型,帮助理解自我效能感、结果期待、职业目标在个体学术或职业兴趣的形成、选择以及职业绩效达成过程中的影响,并提出统一模型(Lent,Brown,& Hackett,1994),如图 2-1 所示。

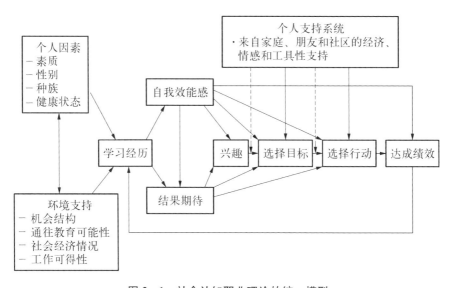

图 2-1 社会认知职业理论的统一模型

资料来源:Lent,R. W.,Brown,S. D.,& Hackett,G. (1994). Toward a unifying social cognitive theory of career and academic interest, choice, and performance. *Journal of Vocational Behavior*,45(1),79-122.

　　如图2-1所示,自我效能感和结果期待引导激发促进个人职业兴趣的发展。孩童时期直接或间接接触不同类型职业,成为后期职业选择形成的来源。当个体参与到一系列活动中,在不同领域有所表现时,关于职业选择的想法不断得到强化。这些强化作用促进个体形成自己是否具备展现某项活动所需能力的信念,这种信念就是自我效能感。这些信念又与结果期待一起,直接影响个人职业兴趣和选择。在模型中,自我效能感和结果期待的形成受到过往经历的影响。

　　兴趣和特定职业目标及行动联系在一起,跟随职业兴趣,个体形成相关的职业目标。自我效能感和结果期待与目标的形成联系在一起,引发获得绩效(即最终的结果变量)。当然,不管个体是否形成了特定的兴趣,自我效能感和结果期待都会直接引发个体参与活动和选择行动,在特定领域达成职业绩效。

　　模型还描述了一个反馈回路,即特定领域的职业绩效(例如成功的就职)也反过来塑造学习经历,从而再对自我效能和结果期待产生影响。

　　Lent和Brown(2006)提出工作满意度模型,纳入环境阻碍、人格这两个变量,见图2-2。

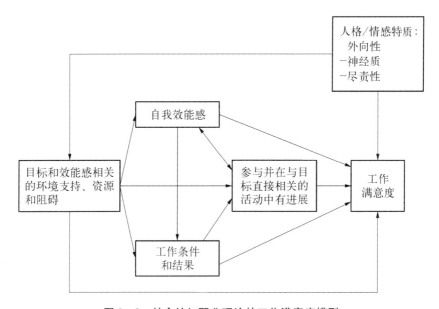

图2-2　社会认知职业理论的工作满意度模型

　　资料来源: Lent, R. W., & Brown, S. D. (2006). Integrating person and situation perspectives on work satisfaction: a social-cognitive view. *Journal of Vocational Behavior*, 69(2), 236-247.

Lent 和 Brown(2013)认为社会认知职业理论的职业兴趣、选择、绩效和满意度四个模型中的因素和关系具有重叠性。并且,已有研究相对更加关注人们的教育/职业兴趣和职业选择路径。但是,社会认知职业理论适用于更广泛的职业行为,其模型可以拓展应用到更多的因变量上。基于此,构建了关于职业自我管理的模型,用于阐述其他适应性职业行为,包括职业决定、找工作、职业晋升、工作转变和多项角色的协调,见图 2-3。

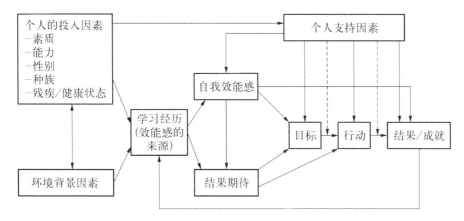

图 2-3 社会认知职业理论的职业自我管理模型

资料来源:Lent, R. W., & Brown, S. D. (2013). Social cognitive model of career self-management: toward a unifying view of adaptive career behavior across the life span. *Journal of Counseling Psychology*,60(4),557-568.

3. 社会认知职业理论的核心变量

(1) 个人投入因素

个人投入因素包括性别、年龄、健康状态、能力等个人特征。个人投入因素和环境背景因素共同对学习经历产生影响。通过直接或间接学习掌握到的通用认知能力、学术或工作技能会直接影响学业或工作绩效。

(2) 社会支持因素

社会支持因素是来自家庭、朋友和组织的经济、情感和工具性支持(Lent,Brown, & Hackett,2000)。例如,生命中重要人物(例如父母)的支持或朋友的负面评价会对个体的职业选择产生重要影响。社会支持因素对职业结果既直接起作用,也起调节作用。调节作用体现在,得到关系网络的支持会促进自我效能感,引起与特定结果和成就相关的目标,发起特定行动,促进职业结果/成就的发生。

（3）环境背景因素

环境背景因素往往是离自己直接环境或社会圈子较远的背景因素，是环境中客观存在的条件。例如受到工作单位的歧视，获得接受培训的机会、经济支持和教育可能性等。在职业选择模型中，环境背景因素对目标和行动起到调节作用。例如，工作时长、社会流动和移民政策等因素都影响着个体做出职业选择的过程。

Austin(1984)提出"主观心理环境"的概念，Vondracek，Lerner 和 Schulenberg(1986)提出"背景支持"概念，都关注个体对特定客观环境的主观解释，认为个体并非被动接纳过去和现有的环境，而是会根据客观环境进行分析，形成潜在个人能动性。当不同个体面对不同机会、资源、阻碍或支持等客观环境时，形成的主观认识和做出的回应是有差异的。因此，职业发展依赖个体对客观条件的认知。客观环境因素和主观心理环境相互关联，可以解释为什么许多取得职业和生活成功的人，并非一帆风顺，而往往多是历经阻碍。类似的，也有许多有着天然环境优势却一事无成的人。将客观环境比作物质财富，如果只将财富看成是成功的唯一要素，那么所有的穷孩子都会失败，所有的富孩子都会成功(Lent，Brown，& Hackett，2000)。

（4）学习经历

学习经历中，个体所经历的社会说服、替代性学习、心理情绪以及表现成就，是自我效能感和结果期待的主要来源，也是个人兴趣、目标和行动的来源。

（5）自我效能感

自我效能感是影响个体职业发展的个人认知因素，是指在进行某项活动之前，个体对自身能否有能力表现出特定行为的判断。自我效能感并不是一个通用特质，当特定行为或活动所属的领域不同时，个体对自身能力的自信程度也不同。与自评能力不同，自我效能感更有利于解释和预测在人们具备相同知识和技能的情况下行为之间的差异性。

（6）结果期待

结果期待是影响个体职业发展的认知因素，是指个体对自己某种行为导致结果的推测，反映了个人对从事特定行为产生某种结果的信念。如果个体预测到某一特定行为会导致某一特定结果，那么这一行为就可能被激活或放弃。个体对自己是否拥有达到某种结果所需能力的判断，被称为效能期待。当个体确定自己有能力进行某一活动,就会产生高度的自我效能感,并能通过实际行动达到成功。结果期待和自我效能感共同作用于职业结果,作用的大小因人、因情境而异。在特定情境下,自我效能感的作用更大。

(三) 社会认知职业理论视角下的职业研究

已有应用社会认知职业理论的研究中,关于博士人群的研究还不多。但已有关于其他人群职业研究中涉及的职业发展因素,可为本研究探讨从事非学术职业博士成功因素提供借鉴。

1. 个人投入因素

研究发现,性别、能力、人格特质对个体的工作绩效和满意度有影响作用。① 性别。已有关注个人投入因素的研究,较多关注性别因素对女性职业发展的影响。Luzzo 和 McWhirter(2001)研究了女性和少数群体的职业阻碍。② 人格特质。人格特质对工作绩效和满意度有影响作用。Brown,Lent,Telander 和 Tramayne(2011)发现,大五人格中的尽责性对绩效直接产生作用或通过自我效能和目标产生调节作用。Foley 和 Lytle(2015)对退休年龄成年人的工作满意度进行研究发现,外向性和尽责性与自我效能感之间有较小的积极联系,神经质和自我效能感之间负相关。③ 能力。已有研究关注一般认知能力和工作技能(例如销售能力)对职业发展的影响。Brown 等(2011)发现,一般认知能力(例如SAT 分数、ACT 分数、高中绩点成绩)不仅与自我效能、工作绩效之间有直接关系,也与目标之间有联系。

2. 社会支持因素

社会支持因素对个体职业有重要影响作用。已有研究主要关注对个体职业兴趣形成、职业发展有重要影响的社会关系人,包括同伴、家庭成员、工作辅导者、同事等。

研究发现家庭成员等组织外部关系人对个体职业有影响作用。Kenny 和 Bledsoe(2005)考察城市高中生的职业发展,发现家庭情感支持对形成职业期待非常重要。Chakraverty 和 Tai(2013)采用混合方法对物理科学家进行研究,探讨父母职业对选择物理科学的影响作用,发现父母是孩童在课堂外学习的重要来源,孩童通过角色模仿、鼓励、接触、熟悉和联结等方式获得学习。Powers 和 Myers(2017)考察对大学生职业动机和目标影响最大的人,结果发现,给予鼓励信息最多的关系人(按提及频率排名)依次是母亲、教师/教授、其他人、朋友和父亲;其中近一半的人认为,母亲和教师是鼓励性职业信息最有影响力的来源。给予非鼓励性信息最多的关系人依次是朋友、其他人、母亲、父亲和教师/教授。Buse,Bilimoria 和 Perelli(2013)访谈女工程师发现,受到家庭对工作的支持,是她们仍坚持工作的原因;感受到过重的孩子负担,她们就会选择离职。Wang,Lo,Xu,Wang 和 Porfeli(2007)发现朋友、导师、家庭成员在大学生找工作时有帮助。

研究还发现组织内部关系人对个体职业的影响作用。Pruitt,Johnson,Catlin 和 Knox(2010)发现心理学副教授的职业选择受组织内部关系人影响。当受到当前辅导者的鼓励,受到晋升方面的支持反馈时,她们会愿意选择晋升;当同事不认可自己的研究时,就不愿意晋升为副教授。Fouad 和 Singh(2011)通过访谈发现,同事支持和组织支持对女性工程师职业发展有影响。女性工程师认为,自己受到了指导者和同事的支持;已离职的女性工程师认为,指导者和同事对自己没有帮助。

3. 环境背景因素

目前关于环境背景因素对职业发展影响的研究,主要关注宏观社会文化环境,也有关注与工作相关的背景因素,如劳动力市场环境、组织环境等。

关于社会文化背景的研究主要关注对个体职业发展有阻碍的因素(Lindley,2005;Swanson & Woitke,1997;Sheu & Bordon,2017)。Lent 等(2000)发现不同社会文化背景影响个体的职业发展,在集体主义文化背景下,个人的职业偏好受有影响力的他人的影响,职业行为和职业满意度更多受到家庭卷入和"面子"文化的影响;在个人主义文化背景下,个人的职业兴趣和目标与经济或其他环境压力有关。Wang 等(2007)分析了中美文化差异对国际生在美国找工作时的影响。Fouad 和 Santana(2016)考察了影响女性和少数群体选择 STEM 专业和职业的因素,以及阻碍他们进入 STEM 职业的原因。这种考察环境中导致职业发展变困难的事件和条件的研究,能够帮助社会调节有利于职业发展的氛围,尤其有助于女性和少数群体的职业发展(Luzzo & McWhirter,2001)。

还有研究关注与工作本身有关的背景因素对职业发展的影响。Gibbs 和 Griffin(2013)采用短问卷调查和深入访谈发现,劳动力市场上结构性机会和挑战(例如学术职位少、资金少、工资负担高)影响生物医学博士的职业选择。Fouad 和 Singh(2011)发现,仍就职企业的女性工程师认为企业里有充足的培训和发展机会,晋升路径清晰可见;已离职女性工程师认为企业里的培训和发展机会都较少。

4. 学习经历

目前关于学习经历的研究,主要考察工作前经历与个体社会地位之间的关系。Fouad 和 Brown(2000)指出个人社会地位(包括经济资源、社会声望和社会权利)会塑造个人的机会结构,获得学习经历类型也因此不同。Thompson 和 Dahling(2012)发现学习经历与社会地位呈现正相关,学习经历在社会地位与自我效能感之间、社会地位与结果期待之间起到调节作用。

对工作后经历与职业发展关系的研究发现,工作成就与挑战对职业发展有影响。Pruitt 等(2010)发现过往经历影响心理学副教授的职业选择,当发表了有影响力的研究时,就会愿意选择晋升;当有过失败的晋升经历,就不愿意晋升为副教授。Buse 等(2013)访谈 31 位女性工程师(10 名已经离职)发现,经历和克服挑战是坚持工作的原因;相反,不能协调好工作挑战导致女工程师选择离职。

5. 个人认知因素

目前应用社会认知职业理论的研究,主要关注认知因素在不同群体职业发展中的作用。

有研究关注高中生、大学生群体的认知因素对职业发展的作用。Kelly(2009)考察了美国高中毕业生从高中毕业到工作的转变过程,发现结果期待、职业决定自我效能感和生活满意度与工作满意度存在相关,但是,只有结果期待对工作满意度有显著积极作用。

有研究关注认知因素对博士生和博士职业选择和职业发展的影响作用。Cason(2016)使用行动研究与质性研究的混合方法,对博士生学术和非学术职业意愿进行研究,发现自我效能感、结果期待是非学术职业选择过程中的重要因素。例如,受访者 A 通过实验室活动提升了技能,发现自己对研究外领域的兴趣,形成向非学术界转移的职业路径,并在非学术职业准备过程中始终保持积极的自我效能感。受访者 J 的职业结果期待受到自我效能信念、对劳动力市场感知的影响,选择职业的理由更多地是与其作为父母的责任感,以及对性别、年龄和教育水平的社会认知有关。Gibbs 和 Griffin(2013)对 38 名毕业于 2006—2011 年间的生物医学博士进行研究发现,博士生一般以观察的方式形成关于教职工作的结果期待,通过对身边教授生活方式的观察,帮助博士生确认自己是否要追求教授职业。例如,他们在观察中发现,"是否能找到教职由运气决定的程度远远超过学术产出和努力工作","能否找到教职,不是基于你的成果,而是你认识谁、你的社交能力以及你与这个体制能否契合"。Anderson 等(2016)对生物科学博士生和博士后的科学交流表现进行研究发现,与科学交流相关的自我效能感与科学交流表现(准备报告草稿、准备摘要、在国际大会上做口语报告、在国际大会上向报告者提问)积极相关,但是职业结果期待与科学交流表现之间不存在显著的联系。Pruitt 等(2010)发现,根据社会认可建立起来的自我效能感,根据认可和积极反馈形成的结果期待,影响女性学者是否选择晋升副教授。

有研究应用社会认知职业理论探讨认知因素对工程师职业表现的影响。Singh 等(2013)研究女性工程师的离职发现,自我效能和结果预期是预测工作满意度和组织忠诚这两种工作态度的核心因素。

6. 个人价值观

和职业有关的价值观和个体的职业选择和发展有着密切联系。Gibbs 和 Griffin(2013)发现个人价值观对生物医学博士的职业选择有影响作用。如果对个体来说,作为一名科学家的重要意义能在学术环境中得以实现,个体就会追求教职工作;如果个体认为关于研究的重要意义不能在学术界实现,就会追求非学术职业。此外,工作—家庭不能平衡也是个体离开学术界的原因。Pruitt 等(2010)发现价值观影响心理学副教授的职业选择,当职业与家庭义务之间有冲突时,就不愿意晋升为副教授。Huttges 和 Fay(2015)对非大学机构的博士后进行问卷调查发现,和女性研究者相比,男性研究者以外在回报为导向的工作价值与主观职业成功之间存在的积极关联更强。Buse 等(2013)访谈女性工程师发现,对工程师的认同感和适应工作的态度是女工程师仍坚持工作的原因。

已有应用社会认知职业理论的职业研究,主要是分别聚焦不同人群、不同职业发展阶段、不同影响因素的分散研究。已有研究更关注对个体职业兴趣和职业选择有影响的因素,对个体职业成功(晋升、工作满意度)的研究还比较欠缺,可以进一步探索社会认知职业理论在职业成功主题上的应用。另外,已有研究考察社会认知职业理论涉及特定因素影响作用的研究较多,全面考虑多方因素的研究不多,可以结合企业就职博士的人群特点,采用该理论探索个人投入因素

（能力）、社会支持因素（社会网络）、学习经历（博士生教育经历、工作经历）、背景因素（客观环境与主观心理环境）、认知因素在企业就职博士职业发展中的共同作用，丰富博士学位获得者的职业研究，进一步挖掘影响企业就职博士职业成功的多类型因素。

（四）综合理论框架

人力资本理论将人看成是财富的来源，人力资本的经济价值已经得到广泛认同和重视。但随着现代科技和知识经济的兴起，人力资本理论在解释个体和组织收入的差异方面出现了很多无法逾越的困难。当具有相同人力资本存量的个体在收入方面差异巨大或职业发展路径大相径庭时，无法用人力资本理论完全解释这个问题。这是因为，人力资本理论更多关注凝结在劳动者身上的知识、技能和经验的积累，并没有看到人与人的群体交往和群体关系会起到独特作用。社会资本理论强调人与人之间的社会网络有独特作用，认为隐藏在社会网络中的资源、信息可以为个体职业创造发展机会。

个人在劳动力市场中的职业发展不仅得益于人力资本要素的积累，还得益于良好的人际关系。但是，当个体拥有相似水平的知识和技能以及相似社会网络背景时，仍然会形成不同水平的职业结果。对于这一复杂现象，社会认知职业理论认为，人们的职业行为与结果不仅受到个人投入因素（如能力）、社会支持因素（如个人社会网络）、环境背景因素（如资源与障碍）、学习经历的影响，还受到个人认知因素（如自我效能感和结果期待）的影响。在社会认知职业理论模型中，所有变量与职业结果之间呈现出两个层面的关系：第一层面揭示了个人投入因素、社会支持因素、环境背景因素和学习经历等因素对职业结果的影响；第二个层面展现了认知因素（自我效能感、结果期待）能够锻炼个人的能动性从而促进职业发展的过程（Lent，Brown，& Hackett，1994）。

本研究的研究目的是查看企业就职理工科博士职业成功现状，探讨影响他们职业成功的因素，为我国理工科博士生教育为非学术职业做准备提供依据。综合人力资本理论、社会资本理论和社会认知职业理论模型，形成适用于本书研究目的的理论框架，考察个人投入因素、社会支持因素、环境背景因素、学习经历、自我效能感、结果期待这些因素对企业就职理工科博士职业成功的影响作用，见图 2-4。

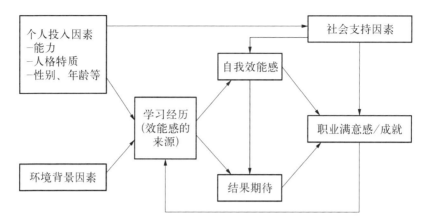

图 2‑4   社会认知职业理论的企业就职博士职业成功的理论框架

第二节   理工科博士非学术职业成功
影响因素的研究

(一) 问题提出与研究目的

理工科博士已成为企业研发创新的重要人才支撑。企业就职理工科博士职业发展的状况,在一定程度上反映了他们所接受的博士生教育与企业需求之间的衔接情况。本研究通过找出对企业就职理工科博士职业成功有影响的关键因素,对博士生教育为非学术职业做准备提出改进方向与建议。

个人的职业成功通常被理解为客观职业成功,如地位、薪水等。但是,客观职业成功并不代表职业成功的全部,职业属于私人化的事情,个人对职业的主观评价同样非常重要(Adler & Kwon,2002)。在逻辑上,主客观职业成功之间的关系如图 2‑5 所示(Nicholson & De Waal‑Andrews,2005)。一般来说,客观职业成功与主观职业成功之间的相关关系较高。例如,主客观职业成功的关系,呈现象限 4 中的情况,即主客观职业成功都呈现较高水平。此时,主观和客观职业成功之间的关系呈现两种情况。一种情况是,主观成功是未来取得客观成功的前提。我们的感觉良好,可以帮助我们用实际行动去达成那些好事情(Seibert,Crant,& Kraimer,1999)。这也被称作皮格马利翁效应,是一种自我效能感促使形成的良性循环(Nauta,Kahn,Angell,& Cantarelli,2002)。

另一种情况是,主观成功是客观成功的结果——做得好的人,感觉良好。例如,随着高薪水而来的高满意感。主客观职业成功相关关系高,也会出现象限1中的情况,即主客观职业成功都呈现较低水平,例如跟随职业挫折和低成就出现失望和低自尊感(Tremblay,Roger,& Toulouse,1995)。但是,也存在即使赢了也不开心的人,以及纵然失败但还快乐的人,即主观和客观职业成功之间也会存在相关关系较低的情况。如象限2表示,虽然努力并有一些客观成绩,但是主观层面没有成就感。象限3表示,客观方面的成功只是令人感到满意的状态,但是内心感到很满足。

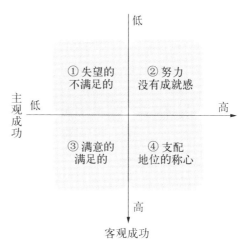

图 2-5　主观和客观成功的关系

资料来源:Nicholson,N.,& De Waalandrews,W.(2005).Playing to win:Biological imperatives,self-regulation,and trade-offs in the game of career success.Journal of Organizational Behavior,26(2),137-154.

　　客观职业成功和主观职业成功相互关联,共同构成了个体的职业成功。中国博士发展状况调查发现,企业就职博士在过去三年职业晋升次数明显多于就职高等院校、科研院所、政府部门和事业单位的博士。但和就职其他部门的博士相比,企业就职博士的工作满意度最低(蔡学军,范巍,2011)。到底有哪些关键因素能帮助企业就职博士战胜挑战,取得主客观两方面的职业成功呢?尽管目前大量理工科博士为经济社会发展产生重要贡献,却很少有专门探究影响他们职业成功因素的研究。因此,本研究对影响企业就职博士主客观职业成功的要素进行探索。

　　关于个体的职业成功,人力资本理论认为个体的劳动生产力与其拥有的知识、技能密切相关,并将个体的成功和个人的勇气、决心、才华、领导能力、天赋等联系在一起。社会资本理论强调人与人之间社会网络的作用对个体职业发展产生的影响。社会网络是信息和知识在不同个体之间传递的载体,帮助人们快速找到相关可靠信息,增强人们运用资本的能力,从而促进创新产生和推动高新技术产业的发展。

　　但是,当个体的人力资本存量相近、社会网络背景相似时,仍然会形成不同水平的职业结果。对于这一复杂现象,社会认知职业理论认为,人们的职业行为与结果不仅受到个人投入因素(如个人特质、能力)、社会支持因素(如个人社会网络)、背景因素(如客观环境和主观心理环境)、学习经历的影响,还受到个人认知因素(如自我效能感和结果期待)的作用。自我效能感(人们对自身能力的信念)和结果期待(对特定行为产生结果的预期)在能力和社会网络对职业结果产生作用的过程中起到调节作用。例如,自我效能感高的个体通常设定较高的目标,投入较多努力,在困难的任务中坚持更久,从而表现更好。另外,也有自我效能感高而结果期待低影响职业行为的情况。例如,一些个体虽然对从事一些领域很有自信,但是因为对结果期待比较消极(例如预期自身从事特定职业会受到外在阻力)而不愿意从事相关职业或谋求更高职位。因此,社会认知职业理论在解释复杂职业行为和促进积极心理调节时十分适用,能帮助阐释博士个人投入因素、社会支持因素、背景因素、学习经历和个人认知因素在职业成功过程中的作用。

目前,国内高等教育研究领域关于博士的探讨集中在博士生的职业期望(蒋承,2011)、博士生培养质量(陈洪捷,赵世奎,沈文钦,蔡磊砢,2011),以及博士毕业生的职业取向(邓大胜,赵延东,2010)、就业状况(范巍,蔡学军,赵世奎,2011)、职业发展情况(蔡学军,范巍,2011)和职业贡献(张美云,刘少雪,2011),也有研究者开始反思博士生教育与多元化职业需求的匹配性(罗英姿,顾剑秀,2011)。已有关于博士职业发展的研究,主要从教育视角出发,将博士的能力、社会网络、博士生教育经历视为影响博士毕业后职业发展的重要因素。但这些研究没有具体分析能力和社会网络对博士主客观职业成功的影响程度,也没有进一步地阐释能力、社会网络、博士生教育经历是如何作用于博士的职业成功的,对博士进入职场后的工作经历、组织环境等因素的作用也缺少分析。

国外已有研究应用社会认知职业理论探讨博士生和博士的非学术职业选择、工程师的职业发展(Singh, et al., 2013;Gibbs & Griffin, 2013;Cason, 2016),帮助我们理解了理工科博士非学术职业的特点,为研究企业就职博士职业成功的影响因素打下重要基础。研究希望通过以非学术职业中的一种类别职业为研究对象,初探非学术职业的特点。基于此,本研究以社会认知职业理论为理论框架,探讨企业就职理工科博士职业成功的影响因素。

据此,提出本文的研究问题:

(1) 目前,就职于我国内地企业理工科博士的职业成功情况是怎样的?

(2) 能力和社会网络对企业就职理工科博士职业成功的影响程度是怎样的?

(3) 能力和社会网络影响企业就职理工科博士职业成功的机制是怎样的,还有哪些因素在起作用?

(二) 研究方法与研究设计

1. 研究对象

本研究选取企业就职理工科博士为研究对象。研究对象的选取需符合以下两个标准:① 就职于我国内地国有企业、民营企业和外资企业的博士;② 获得我国理工科领域博士学位的人。

2. 研究方法

本研究使用的研究方法包括混合研究方法(Crswell & Clark,2007)和文献研究法(袁振国,2013)。

(1) 混合研究方法

混合研究方法是研究者在一项研究中,兼用定性和定量的研究方法收集和分析数据、整合研究发现得出推论的方法。

本研究使用混合研究方法主要考虑两方面因素:① 职业成功是一件复杂的事情,受到个人特征及素质、组织内外部环境等多方因素的影响,采用定量与定性研究相结合的方法,比采用单一的定量或定性研究提供了不同的证据和观点,有助于理清不同影响因素的作用。② 本研究的研究对象是博士学位获得者,他们通常是有着清晰且独特职业诉求的群体,对职业有深入思考和多元化需求,采用定量与定性研究相结合的研究方法对他们的职业成功进行研究,既可以从研究者视角验证假设,又可以从参与者视角了解博士群体内心的声音。

本研究使用一致性并行设计,赋予定量和定性研究两个研究同等的重要性。在同一个阶段中,同时进行定量和定性研究的数据收集,分别进行定量和定性数据分析,以及合并两个数据集。

首先,同时收集定量研究和定性研究的数据,两个研究彼此独立进行——并不是基于一种数据的分析结果来收集另一种数据。其次,分别分析定量数据和定性研究数据;合并定量和定性数据的分析结果,包括直接比较两种结果,转换结果的形式加强数据之间的联系。最后,阐释定量与定性两组结果的异同,实现更好地理解回应研究目标。

定量研究法。混合研究方法中的定量研究,使用问卷调查法,研究企业就职博士的能力和社会网络对职业晋升、满意度的影响程度。

定性研究法。混合研究方法中的定性研究,使用访谈法,探讨能力和社会网络作用于职业成功的机制,探讨各项影响因素对企业就职博士的职业发展的作用。

(2) 文献研究法

文献研究法是对文献进行分析和研究的方法,有广义和狭义之分。广义的文献研究法既包括结构式定量分析方法,又包括非结构式定性分析方法。狭义的文献研究法仅仅指定性分析方法。定量分析法又叫内容分析,是对文献内容作客观而有系统的量化并加以描述的研究方法。定性分析法一般是对文献中所包含信息进行分类,选取典型案例的例证加以重新组织,并在定性描述基础上得出结论。定性分析关注通常不太注重文献资料的数量特征和完整程度,注重根据研究者自身兴趣和研究目的选择小样本或个案(袁振国,2013)。本研究使用定性分析法,分析欧洲国家博士生教育改革经验。

3. 研究路径

研究使用定量研究与定性研究相结合的混合研究法、文献研究法,探究影响企业就职博士职业成功的因素,为非学术职业博士培养提供依据。具体研究路径为:在数据收集环节,将定量和定性研究联结在一起,第二阶段的受访者来自第一阶段的样本,即根据问卷调查到的晋升、满意度及其他数据挑选第二阶段的受访者。

混合方法研究,包括三个阶段:

阶段一:定量研究。结合企业需求,基于相关文献,设计测量能力和社会网络两个因素的题项,构建调查问卷,考察能力和社会网络对企业就职博士职业成功的影响程度。

阶段二:定性研究。对企业就职的理工科博士进行访谈,了解他们的博士生教育经历和当前单位的工作经历,进一步理解能力和社会网络及其他影响因素在他们职业发展中的作用。

阶段三:混合分析。将定量研究和定性研究的结果进行混合分析,对它们共同涉及的研究结果进行对比,找出它们互相验证与补充的部分。

在文献研究中,研究目的是了解在面临理工科博士职业多元化趋势时,欧洲国家非学术职业博士人才培养的经验。由于我国学术型博士学位项目偏向德国模式的博士生教育,因而选取英国、德国的博士生教育作为文献研究对象,收集相关文献、政策和资料,分析欧洲国家面临理工科博士生教育为多元化职业做准备的变革措施,提出我国从事非学术职业博士职业培养的建议。

本研究的技术路线如图 2-6 所示。

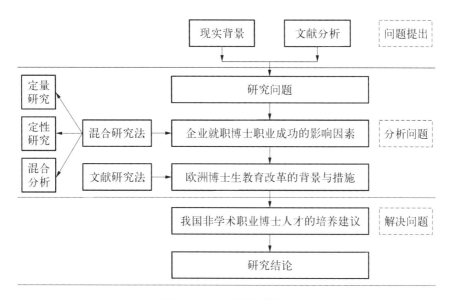

图 2-6　研究技术路线图

(三) 研究意义

1. 理论意义

目前一个在全球范围内的变化趋势是,越来越高比例的理工科博士选择前往企业就职,理工科博士生教育的质量受到挑战。但是,我国学界对非学术职业博士的讨论较少,基于博士毕业生角度探索博士生教育改革方向的研究也较少。本研究尝试以社会认知职业理论为理论框架,对影响企业就职理工科博士非学术职业的因素进行探究,为博士非学术职业研究提供一些理论价值,将社会认知职业理论的应用拓展到中国博士的群体上。

2. 实践意义

本研究以企业就职理工科博士为研究对象,对影响他们非学术职业的因素进行探究,明确企业需求和博士自身诉求,从而获得博士在企业获取职业成功的关键要素,为促进理工科博士在企业获取职业成功提供具体建议,也为加强我国非学术职业博士人才培养提供具有可操作性的改革建议。

(四) 概念界定

1. 理工科博士

博士,是获得博士学位的人。发展至今,除了传统博士学位即哲学博士(Doctor of Philosophy)外,还存在其他不同类型的博士学位。以英国为例,有专业型博士学位(Professional Doctorates),实践博士学位(Practice-based Doctorates),新制博士(the New Route PhD)等。我国博士学位分为学术型学位和专业学位两种。专业学位博士生教育针对社会特定职业领域的需求,培养具有较强专业能力和职业素养的高层次应用型专门人才,如教师、医生、工程师、律师等,具有特定的职业指向性。学术型学位博士生教育以培养学术型人才为导向。本研究关注的是在理学、工学领域获得学术型博士学位的人。

2. 非学术职业

英文中,"职业"(profession)一词意味着声明或者宣誓(professing)的行为与事实,它意味着职业的从业者们声称对某些事务具有较他人更多的知识,尤其是对其客户的事务具有较客户本人更多的知识(刘思达,2006)。在 20 世纪的早期和中期,职业社会学功能学派的 Parsons 认为,作为社会系统的组成部分,职业系统分化为学术性职业与应用性职业两个部分。相对于学术性职业,应用性职业将这些知识应用于实践的职业(刘思达,2006)。我国已有研究根据博士毕业生就业场所来区分学术和非学术职业。鲍威,杜嬺和麻嘉玲(2017)在研究博士学术/非学术职业取向影响因素时,将高校或科研机构学术岗位、国内外高校博士后划分为学术部门,将政府部门、事业单位或高校行政管理岗位、企业和创业划分为非学术部门。沈红(2011)认为学术职业是"将四年制本科院校作为职业发展场所的学者和他们所从事的学术工作"。顾剑秀和罗英姿(2016)"将选择在高校从事教学、科研工作视为选择从事学术职业,将选择在其他单位工作视为选择非学术职业"。借鉴和参考已有学者的研究,本研究将非学术职业定义为在高校或科研机构学术岗位外的非学术部门（包括政府部门、事业单位或高校行政管理岗位、企业等）就业的职业。本研究选取非学术职业中的一种类别作为研究对象。本研究的研究对象是就职位于我国内地国有企业、民营企业和外资企业就职的理工科博士。

3. 职业成功

职业是随时间的变化个体逐渐展现出的工作经历（Arthur，Hall，& Lawrence，1989）。职业成功是个体在工作经历的任一时刻所取得的令人满意的工作成就（Boudreau，Boswell，& Judge，2001）。因此，职业成功是指任一时刻的职业积累，描绘的是一种职业状态，而非达到某个标准才算"成功"。

职业成功包括客观和主观职业成功。客观的职业成功，是社会普遍所理解的成功，在人类历史上有着普遍特性，通常由人的地位、财富、社会名誉和声誉来代表（Brown & Duguid，1991）。已有研究采用可观测的显性指标来反映客观层面的职业状态，例如：职业类别、职务水平、任务类型、流动性和收入（Van Maanen，1977）。本研究将客观职业成功定义为个体在职业生涯的任一时刻所取得的工作成就，采用晋升次数作为考察指标。

主观的职业成功，是个人根据职业不同方面对自身的重要性，对职业形成的内在感受性评价（Van Maanen，1977）。个体根据自己的内在理解对职业不同方面赋予价值，从而对自身职业成功与否做出主观判断。因职业类别、所处国家不同，个体赋予主观职业成功的意义也存在差异。Greenhaus，Parasuraman 和 Wormley（1990）采用个体对已经取得成功的满意度，在收入、晋升和获得新技能三方面的满意度，在完成职业目标过程所取得进步的满意度来衡量主观职业成功。Dries，Pepermans 和 Carlier（2008）发现管理者主观职业成功意义丰富，包括绩效、提升、自我发展、创造力、安全性、满意度、认可、合作和贡献。Eby，Butts 和 Lockwood（2003）发现，员工的主观职业成功和职业满意度、对自身在单位拥有工作机会的判断、对自己技能和经验在劳动力市场上所受到评价存在联系。周文霞，辛迅，潘静洲和谢宝国（2013）对中国员工的调查（定性研究和定量研究分别包含 50% 和 15% 的硕士以上学位获得者）显示，企业员工对主观职业成功赋予丰富的意义，包含内在实现（例如运用个人天赋和潜在能力，持续从事有挑战性工作，拥有同事的高期望）、外部补偿（例如从工作中获得良好的物质补偿，有资金去提升个人或全家的福利，可以取得经济自由，可以负担想要拥有的东西）、工作—生活平衡(例如在生活和工作中取得平衡,在职业生涯中始终保持身体健康,有时间享受生活)三个方面。本研究在考察企业就职博士的主观职业成功时,希望理解博士在多大程度上喜欢(满意)或不喜欢(不满意)他们的工作,因此将主观职业成功定义为个体在工作经历的任一时刻所取得的令自己满意的工作状态,采用职业满意度作为主观职业成功的考察指标。

第三章
理工科博士非学术职业成功影响因素的定量研究

　　企业就职理工科博士的职业成功是一件具有挑战且较为复杂的事情。关于个体的职业成功,各理论的研究视角各为不同。人力资本、社会资本对职业成功都至关重要(Seibert et al.,2001;Krebs,2008)。人力资本理论认为个体的劳动生产力与其拥有的知识、技能密切相关。但是仅依靠能力保持竞争力是不够的,整合和运用组织内外部他人的知识、技能和经验,形成为自己所用的社会资本,也同样重要。社会资本理论强调人与人之间的社会网络有独特作用。隐藏在社会网络中的资源、信息可以为个体职业发展创造机会。可见,个体在劳动力市场中获取职业发展与成功不仅依赖于人力资本要素的积累,也得益于良好的人际关系。

　　已有关于博士职业的研究也发现,企业雇主将博士的能力与社会网络看成是提升企业专业技术能力和可吸收能力的重要因素。可见,能力和社会网络都对企业就职博士的职业发展具有重要价值。因此,本章节的目的是通过定量研究考察社会认知职业理论框架中的个人投入因素和社会支持因素对职业成功的影响作用,测量能力与社会网络对企业就职博士职业成功的影响程度。

第一节　针对企业就职博士职业成功
开展定量研究

　　在人力资本和社会资本领域,关于能力与职业的关系、社会网络与职业的关系的探讨已较为成熟。以下对人力资本、社会资本领域的相关研究进行综述,并提出本研究的研究假设。

（一）研究假设

1. 能力与职业成功

人力资本是凝结在人身上的知识、技能、经验和健康等的总称（康小明，2009）。自人力资本理论诞生以来，大量研究对人力资本在求职、升迁、经济回报上的作用进行研究。中国大学生、高校教师、企业员工的人力资本对就业、薪酬、职业成功获得都有着重要作用（孟大虎，苏丽锋，李璐，2012；沈红，熊俊峰，2013；杨宁，2009；Guo，Xiao，& Yang，2012）。

以往人力资本领域相关研究在测量人力资本时，通常选取教育程度、工作经历，或是个体的学业成绩、在校期间获得的各种奖励以及职业成就的集合作为测量指标，但是这种做法难以避免各项因素之间出现重合的情况，例如专业课成绩、奖学金等就与教育程度代表的人力资本有重叠。能力，在英文中是"competency"。Hoffmann 认为"competency"有两种层面的意义，第一个层面的意义与产出有关，即有竞争力的表现；第二层面的意义与投入有关，即为了达到有竞争力的表现，个体所需具备的潜在特质（Hoffmann，1999）。在文献综述部分，教育视角的研究论述了博士的专业知识、研究技能、项目管理等方面的能力在非学术界的价值。为了避免有竞争力的表现和为了达到表现所需特质之间在意义层面的重叠，本研究从能力第二个层面的意义出发，将博士在各项能力上的水平作为人力资本的测量指标，并提出研究假设：

H1a：能力对企业就职博士的晋升有积极影响

H1b：能力对企业就职博士的工作满意度有积极影响

2. 社会网络与职业成功

尽管学界对社会资本的定义和内涵仍然没有定论（Alder & Kwon，2002），但能达成共识的是，社会资本由一定的社会网络作为载体（方竹兰，2003），是个体所有拥有社会关系以及隐藏在这些关系网络中资源的集合（Bourdiru，1986；Colmen，1988）。作为信息和资源的通道，社会资本对个体职业结果有积极效应。个体的社交网络、专业性网络、论文发表合作网、同事关系、工作辅导网络对脑力工作者、科技工作者、大学教师、管理人员、工程师的职业晋升、满意度有积极作用（胡蓓，陈建安，2003；任枫，汪波，张保银，段晶晶，2010；De Vos，De Clippeleer，& Dewilde，2009；Rasdi，Garavan & Ismail，2012；景丽珍，杨贞兰，2013；Lu，2012；Ganiron，2013）。

已有研究采用多种方法测量个体的社会资本。一是根据关系人与自己的关系类型划分网络情境，例如领导关系、同事关系、外部关系等，考察不同情境的网络对职业结果的影响作用。二是主要通过定名法生成自我中心网社会网络，考察网络的内容特点，包括网络的结构特征（如密度、结构洞、网络关系人多样性等）和网络的成分特征（如网络成分的多样性、网络成分的侧重点等）。网络成分的多样性是社会网络中关系人在社会特征上的异质程度，是衡量网络质量的重要指标之一。具有多样性的网络可以提供多种视角，增强个体收集、处理信息的能力。网络成分的侧重点反映了社会网络在某些关系类型、活动或兴趣上的集中程度，也是衡量社会网络质量的重要尺度。

也有研究将网络情境和网络内容结合起来，查看不同特点的社会网络对职业不同方面的影响作用（Podolny & Baron，1996；Flap & Völker，2001）。本研究希望采用综合视角，将网络情境与网络内容结合起来，考察具备不同内容特点且情境不同的网络对博士晋升和工作满意度的影响。研究关注与博士相关的工作情境网络，如工作信息网、重要决策网，也关注危机时刻的网络，还关注工作之外的社交网络；在考察网络内容特点时，既考察网络的结构特征，如密度、结构洞，也考察网络成分的侧重点，如单位领导关系人的比例、博士学历关系人比例。通过此方法，研究关注社会资本是否在所有情境下都对职业结果产生作用。具体研究假设如下：

密度表明了社会关系网络中"密友"的实际情况，如果一个网络中所有关系人互相都认识，那么这个网络密度为100%，是一个较为封闭的网络，如果所有关系人互不认识，密度就为0，是一个开放性高的网络。一般认为，密度越高的网络，密友的社会关系越趋于一致，存在冗余的信息、资源就越多，网络的延伸性也受到更多限制。低密度网络在个体需要获得网络外新信息时作用显著，对个体创造性行为尤其适用（Jokisaari & Vuori，2014）。但对日常工作来说，需要团队成员彼此能及时传递解决工作问题的有效信息。当目标是彼此信任和合作时，紧密的网络是最好的（Flap & Völker，2001）。而彼此生疏的网络则会阻碍个人和团队生产力的提升，不利于个人晋升。基于此，提出研究假设：

H2：工作信息网密度对企业就职博士的晋升有积极影响

相比地位较低的个体，组织中地位较高的人对资源的配置有更多的正式决策权,同时,他们也有更多非正式的权利基础、影响力和对其他资源的控制权。与组织内部地位高的人有联系,能更多接触信息和职业赞助(Seibert & Kraimer,2001)。毋庸置疑,交往者的社会地位对个体的职业地位有显著影响(Lin,Ensel,& Vaughn,1981)。博士通常在企业中承担重要的角色,需要做出重要决策。多与社会地位高的人接触,有助于接触更多信息和资源,对晋升有帮助。基于此,提出研究假设:

H3: 重要决策网社会地位高关系人比例对企业就职博士的晋升有积极影响

辅导者被定义为为个体给予建议和指导方向的专家或有高资格的个体(Ugrin,Odom,Pearson,& Bahmanziari,2012)。无论是在教育场所还是工作环境,辅导者给予的指引可能会成为被辅导者未来走向成功的路线。在职场上,辅导者通常是有经验的、处于更高级别职位的人,不一定是直接指导者,也不一定是与个体有着正式且明确工作关系的人,但都会对个体提供私人或职业支持(Bozionelos & Wang,2006)。在中国文化情境中,比自己处于更高职位的人,个体都认为其是自己的"领导"。本研究假设,无论是在工作,还是生活、家庭、情感等方面,博士通常都会遇到一些"危机"情境,越多地向领导求助,能有效地获得领导的经验去化解危机,有助于获认可和被提升。因此,提出假设:

H4: 危机支持网单位领导比例对企业就职博士的晋升有积极影响

个体职业生涯中,拥有广泛的关系网络会给职业发展带来潜在机会。如果个体在工作外与不同背景的人交往,可以最大限度地接收多样化信息,接触新事物,增强知识储备。当回到工作中,这些隐性收益可能会在某一时刻对工作起到帮助。因此,提出假设:

H5: 社会交往网关系类型多样性对企业就职博士的晋升有积极影响

在自我中心网络中,异质性说明了个体网络关系人在社会特征上异质性的程度。异质性越高,说明关系人在某项社会特征上差异越大;异质性越低,说明关系人在某项社会特征上的相似性越高。一方面,当与不同年龄层的人来往,可以吸收不同的知识、信息和经验。年轻人可能更熟悉最新技术知识,适应新情境,思维能力更强;年长者有更多生活和工作阅历,有更多经验,问题解决能力更强(Meulenaere,Boone,& Buyl,2015)。在中国有着"尊老"的文化传统,通常认为老者拥有宝贵的经历和智慧,值得信任和倾听(Chow & Ng,2004)。另一方面,不同年龄层的人因为社会化过程不一样,形成了不同的价值理念。年长者可能因为拥有较长的工作时间,而对工作原则、办事流程更加熟悉;年龄越小的关系人可能由于正处于职业发展的早期阶段,更关注如何适应企业环境和融合企业文化。在企业中,博士在完成复杂工作任务时,需要和同事或其他人咨询业务信息、沟通专业知识和工作经验。如上所述,当个体与不同年龄的关系人接触时,既能获取与工作相关的有效信息,又能及时更新和适应当前的企业文化,有助于个体获得职业支持,有助于对工作产生满意感。基于此,提出假设:

H6: 工作信息网关系人年龄异质性对企业就职博士的工作满意度有积极影响

认识时间的长短、互动的频率、亲密性(相互倾诉的内容)和互惠性服务的内容等可以体现人与人之间关系的强度。认识的时间长、互动频率高、亲密性强及互惠交换的内容多的是强关系,反之为弱关系(Granovetter,2015)。和弱关系相比,强关系代表承诺、信任、义务。Granovetter(1995)提出"弱关系"对求职有益,边燕杰(1998)则认为"强关系"在中国劳动力市场的作用不可忽视,并将亲属、朋友和熟识程度高的关系界定为强关系。虽然弱关系提供超出自身圈子的特定信息和资源,但通过强关系更容易接触到社会资源。国内外都有研究发现强关系对个体工作满意度有重要作用。例如,Seibert 等(2001)发现强关系可以提供信息和社会支持,对工作满意度产生积极影响。因此,如果博士在面临重要决策的关键时刻,与自己关系密切的人沟通商量,能获得较好的情感体验。因此,提出假设:

H7: 重要决策网强关系比例对企业就职博士的工作满意度有积极影响

Burt(2008)提出"结构洞"的概念,认为提供非冗余信息和资源的网络对职业非常重要。结构洞是指,当个体 A 与个体 B、C 有联系,B 和 C 互相之间没有联系时,此时 B 和 C 之间就形成了一个"洞"。结构洞越多,网络提供的非冗余信息与资源也越多,越有利于在竞争性环境中取得优势。个体在遇到危机时,通常是超出日常范围的非常规情境,往往需要自身圈子范围外的信息和资源,而此时充满结构洞的网络是最优结构(Flap & Völker,2001)。Podolny 和 Baron (1996)也发现,在高科技企业内部,结构洞在网络传递信息和资源方面意义重大。另一方面,在关键时刻能获取他人的心理支持也至关重要。Higgins(2000)对 138 名纽约律师的调查发现,提供心理支持的关系对个体工作满意度有显著的积极影响。拥有博士学历的职场人士,通常工作任务繁重、节奏紧张,大多时间与从事类似工作的同事相处。得到不同背景关系人资源和信息的支持,会让博士在危机时刻感受到更多的心理支撑,有助于维持和提升工作满意感。因此,本研究用危机支持网考察个体在难题情境下去求助的关系人,尝试验证结构洞不仅适用于工具性行动,还有益于情感性行动。据此,提出假设:

H8: 危机支持网的结构洞对企业就职博士的工作满意度有积极影响

在工作之外的社会交往中,人们通常会和他人进行社会比较(Nappo & Fiorillo,2011),形成对自己职业的主观感受和评价(Higgins,2000)。由于财富和社会地位在社会中受到重视,因而职场中有着更高薪水和职位的个体对自己有更高评价,工作满意感也更高(Chow,2004)。而博士一般在经历四年甚至更长时间的博士生教育后步入工作岗位,年龄一般在 30—40 岁之间,他们面临生活、工作和经济等方面的压力具有相似性。与相似兴趣或特点的个体在一起,对提升工作满意度有作用(Hulbert,1991)。因此,如果能多和具有相似背景的人接触,博士能更容易对当下生活感到满足,产生较好的工作满意感。基于此,提出研究假设:

H9: 社会交往网博士学历关系人比例对企业就职博士的工作满意度有积极影响

3. 能力、社会网络与职业成功

到目前为止,大多研究探索人力资本或社会资本对职业结果的直接作用,但仍然有一些问题值得探索,例如,人力资本与社会资本共同作用于博士的职业时,孰轻孰重;人力资本与社会资本之间的关系如何。

已有一些研究对人力资本和社会资本对职业成功的联合作用机制展开研究。Boxman 和 De Graaf(1991)对荷兰顶尖管理者进行研究发现:在社会资本处在较低水平时,工资给人力资本的回报是最高的,反之亦然。此项研究中,将教育、所有的工作经历和工作次数作为人力资本的测量指标,社会资本测量指标是与其他组织关系人联系的频率。研究发现,人力资本和社会资本的交互作用为负,意味着它们的联合作用低于它们相加起来的价值。在这样的情况下,两种形式的资本提供的资源就可能是重叠的,这可能是因为其他组织关系人可能来源于过去从事过的工作。也有研究发现,工作经历异质性和社会资源异质性的交互项对工作绩效有负面作用(Dokko,2004)。

还有研究试图证明人力资本和社会资本可以相互补充而不重叠。例如，Friedman 和 Krackhardt(1997)发现了一种相互补充效应,亚裔员工较低的社会资本阻碍他们转变人力资本到职业晋升方面的能力,而欧洲贵族员工拥有较高社会资本可以回报给人力资本。此项研究中,人力资本由教育和工作性质(是否永久编制)代表,社会资本由密度代表,工作性质和社会资本就提供了相互补充的资源,工作性质可能会提供工作相关技能和知识,密度提供了社会支持和凝聚的环境。

国内已有不少探讨大学生、硕士研究生人力资本和社会资本对就业影响的研究(李黎明，张顺国，2008;苏丽锋，孟大虎，2012;李泽彧，谭净，2011),这些研究大多发现,人力资本和社会资本二者都很重要,而在就业的不同方面(就业单位类型、工作地区、就业起薪、就业满意度),不同资本因素的作用有所不同。赖德胜，孟大虎和苏丽锋(2012)对大学生就业中人力资本和社会资本的共同作用进行研究发现,在提高就业概率方面,人力资本和社会资本不可或缺,对起薪起到决定影响的是人力资本,对进入国有部门工作起到决定影响的是社会资本;在获取就业机会和起薪方面,二者存在交替作用;在能否进入国有部门工作方面,二者具有较强的互补关系。

有研究发现人力资本与社会资本对个体的薪水、晋升、工作满意度等职业发展有影响作用。王文彬(2013)探讨了长春居民教育程度和关系网络之间的交互作用,用教育程度作为人力资本要素,以基于个体社会关系网络中是否包含多种单位体制性质的关系,区分混合型社会关系网络与单一型社会关系网络,研究发现处于混合型关系网络个体的收入回报明显高于处于单一型关系网络的个体。刘爱玉，佟新和傅春晖(2013)对社会各界的行政干部进行调查,将工作前受教育程度、在职培训年数、最高学历是否为重点大学、工龄作为人力资本要素,将个体在需要时可以获得的帮助作为社会资本要素,发现随着行政级别的增高,对本科及以上学历越重视,社会资本的作用也越来越重要。Lu(2012)发现就职中国高校的教师网络与其博士学位是否在海外高校获得之间存在交互关系。在职业生涯早期,关系人数量、导师、强关系对国内博士晋升的积极作用更强,而海外关系对海外博士晋升的作用更强。宁甜甜(2010)对高校及其他社会部门的高层次人才进行访谈发现,个人知识储备、社会关系网络、家庭平衡因素、政策环境因素是影响高层次人才职业生涯发展的因素,并通过构建模型验证了各项人力资本要素和社会资本要素对职业身份、职业获取、工作满意度、职业变动的不同作用。

可见，社会资本和人力资本都与个体的职业成功有密切关联，且在一定情境下存在交互作用。因此，本研究假设，特定社会网络情境和个人能力相互作用，共同对企业就职博士的职业成功产生积极作用。具体假设为：

H2a：工作信息网密度和能力对企业就职博士的晋升有积极影响

H3a：重要决策网社会地位高关系人比例和能力对企业就职博士的晋升有积极影响

H4a：危机支持网单位领导比例和能力对企业就职博士的晋升有积极影响

H5a：社会交往网关系类型多样性和能力对企业就职博士的晋升有积极影响

H6b：工作信息网关系人年龄异质性和能力对企业就职博士的工作满意度有积极影响

H7b：重要决策网强关系比例和能力对企业就职博士的工作满意度有积极影响

H8b：危机支持网结构洞和能力对企业就职博士的工作满意度有积极影响

H9b：社会交往网博士学历关系人比例和能力对企业就职博士的工作满意度有积极影响

图3-1是关于能力和社会网络对晋升作用的研究假设图，图3-2是关于能力和社会网络对工作满意度作用的研究假设图。

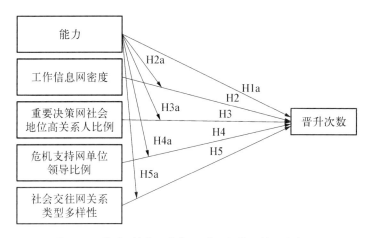

图3-1   能力、社会网络与晋升之间关系的研究假设

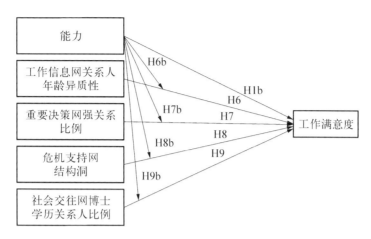

图 3 - 2　能力、社会网络与工作满意度之间关系的研究假设

(二) 方法和数据

1. 数据来源与样本描述

本研究的研究对象为就职于企业的理工科博士。在 2015 年 8 月—2016 年 11 月间,通过问卷调查收集相关数据。同时符合以下两点的人被选择为研究对象:一是获得我国理工科领域博士学位的人,二是就职于位于我国内地的企业。采用滚雪球和方便抽样的方法,一共发放问卷 210 份,共有 132 人回馈问卷。删除了在用于定量研究时所需控制变量、自变量或因变量上有缺失值的被试后,共有 116 份样本用于此研究的分析,有效样本率为 87.8%。其中,纸质问卷 13 份,电子版问卷 103 份。

有效样本的来源如下:利用在北京某国防科技工业单位调研的机会,通过单位人力资源联系博士员工,现场发放和后期邮件回收有效问卷 76 份;通过上海某制造业企业的人力资源联系博士员工,回收有效问卷 6 份;通过研究者的同学、校友、老师、家人联系相识的博士,回收了有效问卷 15 份;通过 BBS 论坛招募被试的方法,回收有效问卷 7 份;通过毕业校友的邮箱发送邀请填答问卷的邮件,回收有效卷 12 份。

样本基本情况,如表 3 - 1 所示。

表 3-1　样本基本信息(N=116)

特　征	类　　别	样本数	占比(%)
性别	男	96	82.8
	女	20	17.2
年龄	24—30	28	24.1
	31—40	80	69.0
	41—50	8	6.9
婚姻状态	已婚	83	71.6
	未婚	33	28.4
就职企业类型	国有企业	96	82.8
	民营企业	13	11.2
	外商独资企业	7	6.0
当前单位工作时间	5 年以下	94	81.0
	5—10 年	16	13.8
	10 年以上	6	5.2
岗位	研发、技术支持、人力资源等非管理岗	95	81.9
	管理岗或兼有管理岗	21	18.1

2. 测量工具

通过自编问卷收集数据。问卷围绕企业就职博士的人力资本、社会资本和职业成功三大方面内容,包含四个模块。

(1) 能力评价模块

首先,从相关文献中筛选和博士相关的能力条目。文献涉及的主题包括博士生教育培养的能力,博士对各项能力在企业工作中有用性评价,雇主对博士员工能力方面的评价等(Pole, 2000; Lee, Miozzo & Laredob, 2010; Watson, 2011; De Grande,2009;DTZ Pieda Consulting, 2010, DTZ Pieda Consulting, 2011; Morgavi, McCarthy & MetcaFe, 2007; Melin & Janso, 2006;Advisory Science Council, 2009;Raddon & Sung, 2009; Manathunga, Pitt & Critchley, 2009; Boosten, Vandevelde, Derycke, Kaat & Rossem, 2014; Durette, Fournier &

Lafon，2016）。对从文献中提取的能力进行归类，有三个类别：专业技术能力、工程项目能力和个人效能。

另一方面，研究从招聘广告中提取企业对理工科博士的要求。从招聘广告中抽取能力条目，能够体现现实情境企业需求视角下的企业用人理念。搜集招聘广告的渠道包括：企业网站的招聘专区，专业招聘网站（智联招聘、前程无忧）。搜集时间为：2014 年 11 月。搜索标准为：企业属于《财富》杂志发布 2014年度世界五百强企业。共搜集了 84 条招聘广告，来自中国企业的广告有 47 条，来自外国企业的广告有 37 条。对每一招聘广告中职位要求的内容进行频次统计，合并归类，具体见表 3-2。

表 3-2　企业对博士要求的频次统计　　　　（%）

能力类别	具体要求	中国企业	外国企业
基本资格条件	专业背景	95.7	94.6
	专业技术资格	2.1	5.4
	年龄要求	12.8	/
	身体健康	23.4	/
专业能力	工作经历	19.1	43.2
	专业理论基础	23.4	51.3
	研究经历	27.7	59.5
	运用和掌握相关软件、技术和工具	25.5	37.8
	用户导向	2.1	10.8
	创新能力	31.9	35.1
一般技能	对外语的要求	66.0	67.6
	负责的工作态度	12.8	10.8
	细节导向	2.1	10.8
	抗压能力	4.3	10.8
	计算机办公能力	6.4	5.4
	团队合作	34.0	45.9
	沟通能力	25.5	54.1
	问题解决的能力	2.1	27
其他	出差要求	2.1	13.5

其中,对外语的要求在招聘广告中高频出现,但是却没有关于博士能力的文献提及这项能力。经分析,可能的原因是:在研究博士能力的研究中,会将外语能力看作是探索新技术或阅读文献能力中的一项内容,因而没有单列该能力。从企业角度说,对不同学历的毕业生都有外语方面的能力要求。在此分析基础上,本研究将外语能力看作是文献阅读和沟通能力的一个方面。

结合对文献和招聘广告的分析,形成 20 项能力作为初始问卷中能力测试的题项,具体见表 3 - 3。

表 3 - 3　测量企业就职博士能力水平的初始和最终题项

题号	初 始 题 项	检 验 后 题 项
1	掌握博士研究方向的专业知识	掌握博士研究方向的专业知识
2	掌握更广泛的学科知识	掌握更广泛的科学知识
3	掌握研究技能和方法	掌握研究技能和方法
4	文献阅读的能力	问题解决的能力
5	设计实验的能力	在多学科背景团队工作的能力
6	数据分析的能力	创新能力
7	问题发现和定位的能力	项目管理的能力
8	问题解决的能力	领导力
9	在多学科背景团队工作的能力	辅导他人的能力
10	创新能力	商业意识
11	独立工作的能力	沟通交流的能力
12	项目管理的能力	写作能力
13	流程或产品优化的能力	明确和满足客户需求的能力
14	商业意识	
15	沟通交流的能力	
16	展示的能力	
17	写作能力	
18	领导力	
19	辅导他人的能力	
20	明确和满足客户需求的能力	

对初始能力测试题项进行小样本试测,对初始问卷进行信效度检验。通过朋友关系发放问卷 31 份,包括 12 名在校工科博士生,19 名就职于企业的博士

毕业生。其中,女性 5 名,男性 26 名。经过项目分析,高低分组分数 t 检验结果
显示,20 道题高低分组平均数差异检验均达到 0.05 的显著水平。在求能力测试
题项与总分的相关时,发现第 11 题与总分的相关系数呈现低相关,故删除第 11
题,内部一致性系数也随之增加。

　　邀请 5 名高等教育研究者、2 名高等教育学博士毕业生、5 名工科在读博士
生、3 名企业就职工科博士对 20 道能力题项进行咨询和修正。根据整份问卷的
长度,所有咨询者都建议删减能力测试的题项,避免被试感到疲劳。工科博士生
和毕业生反映初始题项中的第 4—6 题都属于第 3 题"掌握研究技能和方法",可
删除避免被试疲劳。初始题项第 7 题"问题发现和定位的能力"通常包含在第 8
题"问题解决的能力"中。初始题项第 13 题"流程和产品优化的能力"只适用于
特定企业和特定岗位,因为并不是所有企业都涉及产品,也不是所有博士在企业
中都接触与产品有关的工作。初始题项第 16 题"展示的能力"是第 15 题"沟通
交流的能力"的体现。筛减后,最终形成 13 项能力,见表 3-3。

　　(2) 社会网络模块

　　本研究采用自我中心网测量个体层面的社会网络。自我中心网的测量方法
有两种。一种是定位法(position generators),即从社会结构中常见的结构性地
位出发(例如职业、工作单位或部门等),询问研究个体在每一个等级地位中的熟
人(如果有的话),并指出与该熟人的关系。研究者按照这种社会结构性位置计
算研究个体所拥有的社会资本。另一种是定名法(name generators),即通过设
置特定的网络情境(例如讨论问题、遇到难题等),让被调查者回答在特定情境下
会联系或求助的关系人,并让个体列出关系人之间的相熟程度、关系人的个人特
征等信息(Marsden,2005)。研究者根据这些信息计算网络的相关指标,获取网
络的成分与结构特征(例如网络规模、网络密度、网络异质性)。采用定名法,容
易对网络的结构,如关系大小和密度、关系强弱、结构洞等进行测量,因此得到广
泛运用。缺陷是网络边界不确定,被调查者容易提出与自己强关系、强角色关系
的名单,因而弱关系容易被遗漏,造成研究偏差。本研究需要考察博士不同网络
情境的不同成分和结构特点,因此定名法适用于本研究的研究目的。

　　在定名法测量个体社会网络时,有的采用单一网进行考察,有的采用多网考
察。用单一网络考察,在内容或结构上都会产生偏差,对研究结果不利。根据文
献综述,与企业就职博士职业发展有关的社会网络包括多种情境,并且每种情境

社会网络的影响作用各不相同。因个体想要达成目标的不同,具有不同网络成分和结构特征的网络所引起职业结果也不同(Podolny & Baron,1997;Flap,& Völker,2001)。因此,本研究从多角度考察博士的社会网络,包括工作与非工作情境的网络、提供工具性支持与提供情感性支持的网络。

借鉴密西根大学商学院 Wayne Baker 提出的测量自我中心网络的方法(贝克,2002)以及 Huang 和 Aaltio(2014)的研究,采用四个网络情境,分别是工作信息网、重要决策网、危机支持网、社会交往网,让被调查者回答在这四个情境下会联系的人。这四个网络情境分别是:

① 工作信息网:"当您为了完成工作想要了解企业日常运行方面的信息时,您和谁交流?"

② 重要决策网:"当您想对重要的工作决策产生影响时,您向哪些会影响决策结果的人寻求帮助?"

③ 危机支持网:"当您遇到个人危机时,包括工作、家庭、情感等方面的难题,您向谁寻求帮助?"

④ 社会交往网:"在工作之外,您和谁进行社会交往? 社会交往是指下班后还花时间在一起,相互进行家庭访问、一起参加社会活动、一起外出就餐、看电影等。"

随后,请被调查者列出关系人的年龄、教育程度、关系人的社会地位(0=比您低,1=和您一样,2=比您高)、关系人之间的相熟程度(0=不认识,1=不太熟,2=非常熟)、被调查者与关系人的相熟程度(0=疏远的,1=不太熟,2=非常熟)、被调查者与关系人的关系类型(1=博士同学,2=博士导师,3=其他同学,4=其他老师,5=部门领导,6=单位指导者,7=单位其他同事,8=前同事,9=客户,10=工作项目中认识的其他机构的人,11=家人或亲戚,12=朋友,13=其他在表中注明)。

(3) 工作满意度

本研究采用 Greenhaus 等(1990)编制的用于测量工作满意度的五点量表。请被调查者在以下五个题项上进行自评:① 我对自己职业所取得的成功感到满意;② 我对自己为满足总体职业目标所取得的进步感到满意;③ 我对自己为满足收入目标所取得的进步感到满意;④ 我对自己为满足晋升目标所取得的进步感到满意;⑤ 我对自己为获得新技能所取得的进步感到满意。

（4）个人基本信息模块

个人基本信息模块包括：① 教育和工作经历信息。请被调查者回答包括博士专业、博士学位攻读学校等方面的教育经历，以及当前单位的工作时间、就职企业类型、任职岗位、进入此单位后的晋升次数、目前的年薪（税前，包括奖金和其他间接收入）等工作相关问题。② 个人特征信息。请被调查者回答自身的性别、年龄、婚姻状态、子女个数等个人基本特征。

请 5 名高等教育研究者、2 名高等教育学博士毕业生、5 名工科在读博士生、3 名企业就职工科博士对问卷修正和润饰，修改容易产生歧义或表达含糊的语句，帮助确保问卷整体的内容效度。根据反馈意见，对问卷风格进行重新设计，在此基础上形成了问卷的最终稿，可见附录 1。

3. 变量的定义与操作化

根据被调查者在问卷中列出的相关信息，获取用于验证研究假设的因变量、自变量和控制变量的数据。其中，在获取社会网络相关数据时，采用 E - NET（Halgin & Borgatti，2012）分别计算四个网络的密度、关系人类型多样性、年龄异质性、结构洞这四项结构指标，以及社会地位高关系人比例、单位领导比例、强关系比例、博士学历关系人比例这四项网络侧重点指标，获取博士员工四个网络的结构特征和成分特征。用于验证假设的变量描述请见表 3 - 4。

表 3 - 4　变　量　描　述

变　量	描　　述
工作满意度	工作满意度量表 5 道题目的平均分
晋升次数	进入当前单位后的晋升次数
能力水平	13 项能力自评分数的平均分
工作信息网密度	工作网彼此认识的关系数除以所有可能认识的关系数
工作信息网关系人年龄异质性	工作网所有关系人年龄的标准差
重要决策网社会地位高关系人比例	被标识为社会地位比被访者高的关系人占决策网所有关系人的比例
重要决策网强关系比例	被标识为与被访者是强关系的关系人占决策网所有关系人的比例
危机支持网单位领导比例	被标识为是被访者单位领导的关系人占危机网所有关系人的比例

变　　量	描　　述
危机支持网结构洞	危机网结构洞运用的限制程度
社会交往网关系人类型多样性	社会交往网关系人与被访者之间关系类型的异质程度
社会交往网博士学历关系人比例	被标识为是博士学历拥有者关系人占社会交往网所有关系人的比例
性别	哑变量，0＝男，1＝女
年龄	连续变量
婚姻状态	哑变量，0＝未婚，1＝已婚
当前单位的工作时间	连续变量，单位：月
就职企业类型	哑变量，0＝国企，1＝非国企，包括民营企业、外资企业
岗位	哑变量：0＝非管理岗，包括研发、技术支持、人力资源，1＝管理岗或兼有管理岗的

工作满意度。请被调查者对工作满意度的五道题进行评分，五道题目的平均值作为每个被调查者工作满意度的分数，是连续变量。

晋升次数。是指进入单位以后，随着职务级别的增加，或伴随工作职责、权力和薪水大幅增长的工作变动的次数，是连续变量。

能力水平。请被调查者对 13 项能力进行自评。13 项能力分别是：掌握博士研究方向的专业知识，掌握更广泛的学科知识，掌握研究技能和方法、问题解决的能力、在多学科背景团队工作的能力、创新能力、项目管理的能力、领导力、辅导他人的能力、商业意识、沟通交流的能力、写作能力、明确和满足客户需求的能力。能力水平为 13 项能力自评分数的平均数。

工作信息网密度。自我中心网络中 N 个关系人之间互相联系的程度（不包括关系主体本身）。如果对 N 人之间关系是赋值的且无向的，那么密度的计算是关系人彼此关系的总和，除以 N 个关系人可能发生的所有关系数。网络密度的计算，需要受访者至少列出两个关系人（Marsden，1990；Podolny & Baron，1997）。根据被调查者对"关系人之间的相熟程度（0＝不认识，1＝不太熟，2＝非常熟）"，计算工作信息网密度。工作信息网密度测量的是工作网关系人互相联系的程度。

工作信息网关系人年龄异质性。依据测量关系人特征的变量类型不同，异质性的算法不同。如果特征的变量类型是连续变量，可以通过连续变量的标准差来进行测量。此时,标准差反映的是自我中心网络内特征的差异性。如果是分类变量(K 个离散的或有序的类别),可以通过品质差异指数(index qualitative variation,IQV)来测量自我中心网络异质性。由于年龄是连续变量,则通过测量标准差来反映关系人年龄的差异性。工作信息网关系人年龄异质性测量的是博士在企业日常工作中联系人年龄的差异性。

重要决策网社会地位高关系人比例。在现代社会中,个人的社会地位主要表现为职业地位,因此对社会地位的测量一般是通过考察关系人的职业声望或职业地位得分等指标来进行的。为了避免被试疲劳,本研究采取较为简便的方法,即让被调查者对关系人的社会地位与自己做出比较(0＝比您低,1＝和您一样,2＝比您高)。被选为"2＝比您高"这一选项的关系人被列为社会地位高的关系人。计算在重要决策网中,社会地位高关系人占所有关系人的比例。

重要决策网强关系比例。亲属、朋友和熟识程度高的关系是强关系,和弱关系相比,强关系代表承诺、信任、义务(边燕杰,1998)。根据被调查者对"您与关系人的相熟程度(0＝疏远的,1＝不太熟,2＝非常熟)"这一选项的回答,被选择为"2＝非常熟"的关系人为强关系。重要决策网强关系比例体现了,博士在重要决策情境下与强关系联系的情况。

危机支持网单位领导比例。根据被调查者和关系人的关系类型,被列为"单位领导(包括指导者、部门领导和其他各级领导)"的关系人为单位领导。危机支持网中单位领导关系人比例体现了,在危机时刻博士与单位领导的联系情况。

危机支持网结构洞。本研究使用限制度这一指标来反映个体自我中心网结构洞的情况,该指标越低,说明个体在网络中拥有的结构洞越多,其运用结构洞的能力受到的限制也越少(刘军,2014)。危机支持网结构洞测量的是博士在个人危机情境中所求助关系人的非冗余程度。

社会交往网关系人类型多样性。关系人类型的异质性,是指在自我中心网络中,关系人之间在与被调查者关系类型上的差异性。由于关系类型是分类变量,通过品质差异指数(index qualitative variation,IQV)来测量自我中心网络异质性。社会交往网关系人类型多样性反映的是,博士在工作之外的社会交往中关系人与被调查者关系类型的异质程度。

社会交往网博士学历关系人比例。教育程度为"博士"的关系人为博士学历关系人。社会交往网博士学历关系人比例反映的是,博士在工作之外的社会交往对象中博士学历者的比例情况。

人口学变量：性别，0＝男，1＝女；年龄，连续变量；婚姻状态，0＝未婚，1＝已婚。

工作特征变量：当前单位的工作时间，以月为单位，连续变量；就职企业类型，0＝国企，1＝非国企，包括民营企业、外资企业；岗位，0＝非管理岗，包括研发、技术支持、人力资源，1＝管理岗或兼有管理岗的。

4. 数据分析方法

定量研究部分对数据使用了描述性统计、Logistic 回归分析方法和多元线性回归方法。回归分析中所用变量之间相关关系请见表 3－5 和表 3－6。

第二节　企业就职博士的职业成功、能力和社会网络特征

（一）企业就职博士的职业成功现状

企业就职博士主客观层面的职业成功，分别如图 3－3 和图 3－4 所示。

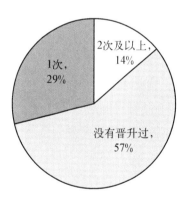

图 3－3　企业就职博士的晋升次数

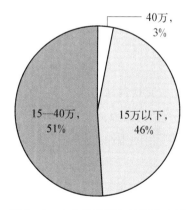

图 3－4　企业就职博士的薪水水平

如图 3－3 显示，57％的受调查博士在当前单位没有晋升过，29％的受调查博士有过一次晋升。

如图 3－4 所示，46％企业就职博士薪水在 15 万以下，51％企业就职博士薪水在 15—40 万之间，3％企业就职博士薪水达到 40 万以上。

表 3 – 5 Logistic 回归分析中变量的相关关系

	性别	年龄	婚姻状态	在当前单位工作时间	岗位	企业类型	工作信息网密度	重要决策网社会地位高关系人比例	危机支持网单位领导比例	社会交往网关系人类型多样性	能力	晋升次数
性别	1	0.129	−0.031	−0.045	0.038	0.04	−0.072	−0.073	−0.026	−0.193*	0.317**	−0.021
年龄	0.129	1	0.152	0.581**	0.226*	−0.156	0.028	−0.089	0.058	−0.054	0.126	0.314**
婚姻状态	−0.031	0.152	1	0.196*	−0.055	0.192*	−0.055	0.071	0.096	−0.004	0.065	0.144
在当前单位工作时间	−0.045	0.581**	0.196*	1	0.117	−0.014	0.017	−0.026	0.002	−0.057	−0.023	0.423**
岗位	0.038	0.226*	−0.055	0.117	1	−0.082	0.136	0.048	0.044	0.066	0.198*	0.314**
企业类型	0.04	−0.156	0.192*	−0.014	−0.082	1	−0.233*	0.248**	0.028	−0.16	0.061	−0.202*
工作信息网密度	−0.072	0.028	−0.055	0.017	0.136	−0.233*	1	0.148	0.096	0.013	−0.037	0.243**
重要决策网社会地位高关系人比例	−0.073	−0.089	0.071	−0.026	0.048	0.248**	0.148	1	0.352**	−0.019	0.045	−0.13
危机支持网单位领导比例	−0.026	0.058	0.096	0.002	0.044	0.028	0.096	0.352**	1	−0.014	−0.006	0.032
社会交往网关系人类型多样性	−0.193*	−0.054	−0.004	−0.057	0.066	−0.16	0.013	−0.019	−0.014	1	−0.053	0.169
能力	0.317**	0.126	0.065	−0.023	0.198*	0.061	−0.037	0.045	−0.006	−0.053	1	−0.002
晋升次数	−0.021	0.314**	0.144	0.423**	0.314**	−0.202*	0.243**	−0.13	0.032	0.169	−0.002	1

* 在 0.05 水平（双侧）上显著相关，** 在 0.01 水平（双侧）上显著相关。

表 3 - 6　线性回归分析中变量的相关关系

	性别	年龄	婚姻状态	在当前单位工作时间	岗位	企业类型	工作信息网年龄异质性	重要决策网强关系比例	危机支持网结构洞	社会交往网博士比例	能力	工作满意度
性别	1	0.129	-0.031	-0.045	0.038	0.04	0.07	-0.096	0.064	0.135	0.317**	0.072
年龄	0.129	1	0.152	0.581**	0.226*	-0.156	0.173	-0.054	0.136	-0.085	0.126	0.128
婚姻状态	-0.031	0.152	1	0.196*	-0.055	0.192*	-0.028	0.004	0.156	-0.018	0.065	0.049
在当前单位工作时间	-0.045	0.581**	0.196*	1	0.117	-0.014	0.159	0.027	0.036	-0.004	-0.023	-0.026
岗位	0.038	0.226*	-0.055	0.117	1	-0.082	0.172	0.074	0.173	-0.009	0.198*	0.17
企业类型	0.04	-0.156	0.192*	-0.014	-0.082	1	-0.129	0.061	-0.01	0.026	0.061	-0.011
工作信息网年龄异质性	0.07	0.173	-0.028	0.159	0.172	-0.129	1	0.009	0.028	0.014	0.072	0.228*
重要决策网强关系比例	-0.096	-0.054	0.004	0.027	0.074	0.061	0.009	1	0.308**	-0.002	-0.004	0.248**
危机支持网结构洞	0.064	0.136	0.156	0.036	0.173	-0.01	0.028	0.308**	1	0.113	0.200*	0.202*
社会交往网博士比例	0.135	-0.085	-0.018	-0.004	-0.009	0.026	0.014	-0.002	0.113	1	0.1	0.215*
能力	0.317**	0.126	0.065	-0.023	0.198*	0.061	0.072	-0.004	0.200*	0.1	1	0.381**
工作满意度	0.072	0.128	0.049	-0.026	0.17	-0.011	0.228*	0.248**	0.202*	0.215*	0.381**	1

* 在 0.05 水平（双侧）上显著相关，** 在 0.01 水平（双侧）上显著相关。

企业就职博士工作满意度的情况,如表3-7所示。工作满意度五个方面的平均数从高到低依次是:获得新技能、完成职业目标、总体满意度、完成晋升目标和完成收入目标。

表3-7　企业就职博士的工作满意度

满意程度	总体满意度	完成职业目标满意度	完成收入目标满意度	完成晋升目标满意度	获得新技能满意度
平均值	3.46	3.57	3.26	3.32	3.60
标准差	0.80	0.80	0.78	0.89	0.87

为了更加直观了解博士的工作满意度情况,将五道题目上选择"非常不满意"、"不满意"的人数相加形成"不满意"项,将选择"满意"和"非常满意"的人数相加合成"满意"项,选择"一般"的人数及项目不变,根据这三项数据作图3-5,呈现工作满意度在不满意、一般和满意三个区间上的人数分布情况。从图3-5可以看出,博士对工作在完成晋升目标方面感到不满意的人数最多,对工作在获得新技能方面感到满意的人数最多。

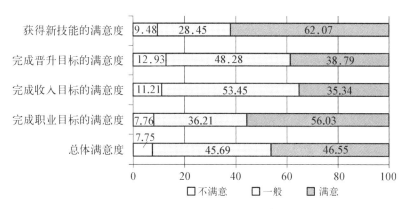

图3-5　工作满意度的分布情况

(二) 企业就职博士的社会网络特征

根据被调查者对社会网络问题的回答,四个网络关系人结构特征如图3-6所示。可见,工作信息网和重要决策网的密度高于0.6,危机支持网和社会交往的密度都低于0.4。关系人的年龄异质性,在危机支持网中最高,其次是重要决策网，社会交往网最低。结构洞水平处于 0.51～0.68 之间。关系人类型异质性处于 0.66～0.72 之间。

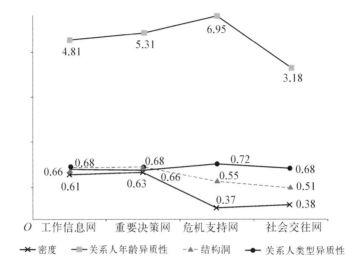

图 3-6 企业就职博士的社会网络结构特征

根据被调查者对社会网络部分的回答，四个网络在不同方面的成分特征如图 3-7 所示。如图所示，在四个网络中，博士学历关系人所占比例均保持在 30%左右，强关系比例均保持在 80%以上。社会地位高关系人和单位领导关系人，在重要决策网中所占比例最高，分别为 57%和 47%，而在社会交往网中所占

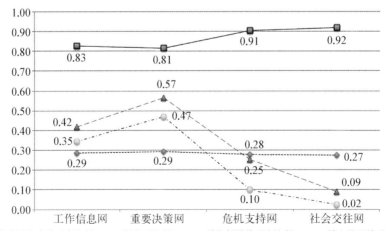

图 3-7 企业就职博士的社会网络成分特征

比例最低,均在 1% 以下。这说明,博士在踏上工作岗位后与博士生教育期间积累的关系人联系并不多,且交往的关系人大多数为熟人。在重要工作中,博士倾向于向社会地位高的人或单位领导寻求支持,而在工作外的社交中很少与这两类人交往。

(三) 企业就职博士的能力特征

本研究请被调查博士对自身在 13 项能力上的实际水平进行评价,对 13 项能力在企业工作中的重要性程度进行评价,并计算这两项能力的平均值和标准差,如表 3-8 所示。从表可见,在 13 项能力上,自评分数最高的是"掌握研究技能和方法",自评分数最低的是"商业意识";被评为对工作最重要的能力是"问题解决能力",被评为最不重要的能力是"商业意识"。

表 3-8 企业就职博士在各项能力上的实际水平和重视程度

能力编号	能 力 条 目	实际水平		重视程度	
		平均数	标准差	平均数	标准差
1	掌握博士研究方向的专业知识	3.97	0.63	3.74	0.92
2	掌握更广泛的学科知识	3.61	0.66	4.03	0.76
3	掌握研究技能和方法	4.08	0.55	4.16	0.80
4	问题解决的能力	3.97	0.60	4.49	0.53
5	在多学科背景团队工作的能力	3.76	0.80	4.09	0.79
6	创新能力	3.79	0.69	3.97	0.86
7	项目管理的能力	3.69	0.80	4.03	0.79
8	商业意识	3.21	0.84	3.56	0.97
9	沟通交流的能力	3.74	0.71	4.33	0.67
10	写作能力	3.75	0.71	3.95	0.78
11	领导力	3.37	0.72	3.84	0.87
12	辅导他人的能力	3.78	0.64	3.74	0.74
13	明确和满足客户需求的能力	3.77	0.69	4.20	0.86

将实际能力评分和重要性程度评分进行配对样本检验,结果如表 3-9 所示。从表中可以看出:在掌握博士研究方向的专业知识、辅导他人能力这两项

上,被调查者的实际能力水平高于这两项能力受重视的程度。并且,在掌握博士研究方向的专业知识上,被调查者的能力水平,在 0.05 水平上显著高于该能力在企业中的重要性程度;而辅导他人的能力的实际水平虽然高于重要性程度,但两者之间的差异并不显著。

表 3 - 9   实际能力和重要性程度的配对样本检验

能力编号	能 力 条 目	自评	重要性	差异	t	df	p
1	掌握博士研究方向的专业知识	3.966	3.741	0.224	2.252	115	0.026
2	掌握更广泛的学科知识	3.612	4.026	−0.414	−4.874	115	0
3	掌握研究技能和方法	4.078	4.164	−0.086	−1.055	115	0.294
4	问题解决的能力	3.974	4.487	−0.513	−7.474	115	0
5	在多学科背景团队工作的能力	3.759	4.086	−0.328	−3.490	115	0.001
6	创新能力	3.793	3.966	−0.172	−1.756	115	0.082
7	项目管理的能力	3.690	4.026	−0.336	−3.774	115	0
8	商业意识	3.207	3.560	−0.353	−3.263	115	0.001
9	沟通交流的能力	3.741	4.328	−0.586	−7.131	115	0
10	写作能力	3.750	3.948	−0.198	−2.492	115	0.014
11	领导力	3.371	3.845	−0.474	−5.943	115	0
12	辅导他人的能力	3.785	3.740	0.045	0.605	115	0.546
13	明确和满足客户需求的能力	3.767	4.198	−0.431	−4.781	115	0

在其余 11 项能力上,被调查者的平均能力水平均低于该能力在企业的重要性程度。并且,在掌握更广泛学科知识、问题解决的能力、在多学科背景团队工作的能力、项目管理的能力、沟通交流的能力、领导力、明确和满足客户需求的能力这 7 项上,被调查者的能力,在 0.001 水平上,显著低于该能力在企业中的重要性程度;被调查者的商业意识,在 0.01 水平上,显著低于该能力在企业中的重要性程度;被调查者的写作能力,在 0.05 水平上,显著低于该能力在企业中的重要性程度;被调查者的掌握研究技能和方法、创新能力的实际水平虽然低于该能力在企业中的重要性程度,但实际水平和重要性程度差异不显著。

第三节 能力和社会网络对企业就职
博士职业成功的作用

(一) 能力和社会网络对企业就职博士晋升的作用

1. 能力和社会网络孰轻孰重

表 3-10 呈现了能力和社会网络对晋升的影响结果。在模型 1 中,通过显著性检验的社会网络变量有:工作信息网密度、社会交往网关系人类型多样性。因此,H2,H5 成立。较高的工作信息网密度和社会交往网关系人类型的多样化分别帮助晋升的概率提高了 7.4 倍、4.13 倍。重要决策网社会地位高关系人比例对晋升的影响,虽然也通过了显著性检验,但是系数为负,说明在博士希望做出重要决策时联系越多的社会地位较高的关系人,会使得晋升的概率降低,这可能是因为,地位越高的关系人会对博士抱有更大的期望,在重要时刻寻求他们的帮助,反而会得到了相反效果。因此,H3 反面成立。和社会网络相比,能力没有通过显著性检验,H1a 不成立说明博士想要在企业中获得晋升,只依赖能力的作用是不够的。

表 3-10 能力、社会网络对晋升次数的作用

	模型 1	模型 2	模型 3	模型 4	模型 5	模型 6
*能力 * 社会网络*						
工作网密度 * 能力		0.145				1.601
		1.156				4.959
		0.958				1.265
决策网社会地位 * 能力			−1.171			−1.836
			0.31			0.159
			0.82			1.215
危机网领导 * 能力				−0.801		1.008
				0.449		2.739
				1.359		1.638
社交网多类型 * 能力					2.219*	2.466*
					9.198*	11.775*
					1.088	1.17

续　表

	模型 1	模型 2	模型 3	模型 4	模型 5	模型 6
社会网络变量						
工作信息网密度	2.128*	2.131*	2.226**	2.155*	1.995*	2.306*
	8.4*	8.426*	9.262**	8.63*	7.35*	10.031*
	0.84	0.841	0.864	0.844	0.872	0.937
重要决策网社会地位高关系人比例	−1.675*	−1.656*	−2.022*	−1.69*	−2.25*	−2.672**
	0.187*	0.191*	0.132*	0.185*	0.105*	0.069**
	0.829	0.838	0.877	0.829	0.934	1.015
危机支持网单位领导比例	1.062	1.054	0.992	0.909	1.332	1.448
	2.891	2.87	2.696	2.481	3.789	4.253
	1.24	1.243	1.308	1.342	1.273	1.344
社会交往网关系人类型多样性	1.635*	1.607	1.878*	1.636*	1.926*	2.118*
	5.131*	4.988	6.539*	5.136*	6.86*	8.312*
	0.802	0.822	0.841	0.799	0.883	0.912
知识技能变量						
能力主成分	−0.068	−0.062	−0.191	−0.053	−0.181	−0.338
	0.934	0.94	0.826	0.948	0.834	0.713
	0.272	0.276	0.292	0.279	0.293	0.340
控制变量						
人口学变量						
性别	0.354	0.343	0.208	0.331	0.097	−0.195
	1.425	1.41	1.231	1.393	1.102	0.823
	0.68	0.684	0.687	0.68	0.7	0.718
年龄	0.019	0.017	0.012	0.012	0.038	0.02
	1.019	1.017	1.012	1.012	1.039	1.02
	0.088	0.09	0.089	0.088	0.093	0.098
婚姻状态	0.903	0.886	1.125	0.924	1.115	1.207
	2.468	2.425	3.081	2.518	3.05	3.344
	0.659	0.667	0.694	0.657	0.7	0.727
工作特征变量						
在当前单位工作时间	2.135**	2.143**	2.192***	2.197***	2.023**	2.101**
	8.453**	8.528**	8.952***	8.996***	7.56**	8.177**
	0.652	0.655	0.663	0.661	0.667	0.692

续　表

	模型 1	模型 2	模型 3	模型 4	模型 5	模型 6
企业类型	−0.8	−0.81	−0.755	−0.825	−0.936	−0.96
	0.449	0.445	0.47	0.438	0.392	0.383
	0.73	0.733	0.736	0.729	0.771	0.797
岗位	1.909**	1.883**	2.008**	1.821**	2.323**	2.363**
	6.748**	6.573**	7.448**	6.179**	10.207**	10.619**
	0.694	0.713	0.72	0.704	0.757	0.818
NaHelkerke R 方	0.481	0.481	0.497	0.484	0.517	0.538
N	116	116	116	116	116	116

注: $^{*}p < 0.05$；$^{**}p < 0.01$；$^{***}p <= 0.001$（双侧检验）；表中第一行数值为 Logistic 回归系数，第二行数值为优势比，第三行数值为标准差。

2. 能力和社会网络的联合作用

为进一步了解能力和社会网络对博士晋升的联合作用机制，研究引入能力和社会网络的交互项来识别二者之间是替代还是互补关系。对博士晋升来说，如果随着能力对晋升作用的增大，社会网络的影响也在增大，或者随着社会网络影响的增大，能力的影响也增大的话，就认为能力与社会网络是相互促进的关系；如果随着能力影响的增大，社会网络的影响降低了，或者说随着社会网络影响的增大，能力影响的作用降低了，就可以判断为能力和社会网络的作用是相互削弱的，存在替代关系。

模型 2、3、4、5 分别引入能力水平与工作信息网密度的交互变量、能力水平与重要决策网社会地位高关系人比例的交互变量、能力水平与危机支持网单位领导比例的交互变量、能力水平与社会交往网类型多样性的交互变量。模型 6 引入所有交互变量。为了避免自变量间的高度共线性，关于社会网络的四个变量均去中心化后进行相乘。

在模型 6 中，只有社会交往网的关系类型多样性和能力的交互项对晋升次数有显著的积极作用，故 H5a 成立。这说明，工作之外关系人类型多样化对晋升的积极作用，受到能力的调节，或者说随着能力的增强，工作之外交往人类型多样性对晋升作用也随之增强。模型 6 显示，这种相互促进的作用可以使晋升可能性提高 11.78 倍。这充分表明了，社会交往网关系人类型多样性与个人能力对于博士晋升的作用是相互促进的,具有较强的互补关系。而其他三个社会网络与能力的交互变量并未发现对晋升产生显著作用,故 H2a,H3a,H4a 不成立。

(二) 能力和社会网络对企业就职博士工作满意度的作用

1. 能力和社会网络孰轻孰重

表 3-11 呈现了能力和社会网络对企业就职博士工作满意度的影响作用。在模型 7 中,通过显著性检验的有工作信息网关系人年龄异质性、重要决策网强关系比例、社会交往网博士比例、能力,故 H1b,H6,H7,H9 成立。根据标准化系数的大小,对工作满意度影响作用从大到小排列依次是: 能力、重要决策网强关系比例、社会交往网博士比例、工作信息网关系人年龄异质性。这一结果说明,对博士的工作满意度来说,能力和社会网络都重要,二者不可或缺。研究没有发现危机支持网结构洞对满意度的积极作用,故 H8 不成立。这可能是因为,当危机支持网络的结构洞较多时,虽然能相对获得更多非冗余信息和资源支持,但也由于关系人之间彼此没有联系而使网络更分散,个体因此投入的时间和精力也多(伯特,2008),在危急时刻容易引起个体疲劳。

表 3-11　能力、社会网络对工作满意度的作用

	模型7	模型8	模型9	模型10	模型11	模型12
*能力 * 社会网络*						
工作网关系人年龄异质 * 能力		0.059*				0.055*
		0.198*				0.185*
		0.025				0.024
决策网强关系 * 能力			−0.194			−0.121
			−0.056			−0.523
			0.317			0.320
危机网结构洞 * 能力				0.622*		0.711*
				0.183*		0.210*
				0.281		0.295
社交网博士比例 * 能力					0.095	−0.043
					0.030	−0.013
					0.277	0.273

续　表

	模型 7	模型 8	模型 9	模型 10	模型 11	模型 12
社会网络变量						
工作信息网年龄异质性	0.051*	0.053*	0.054*	0.056*	0.052*	0.064**
	0.196*	0.203*	0.205*	0.215*	0.197*	0.245**
	0.022	0.022	0.023	0.022	0.022	0.022
重要决策网强关系比例	0.634**	0.539*	0.636**	0.607**	0.636**	0.519*
	0.251**	0.214*	0.252**	0.241**	0.252**	0.206*
	0.22	0.219	0.221	0.216	0.221	0.216
危机支持网结构洞	0.008	0.094	0.007	−0.021	−0.002	0.057
	0.003	0.031	0.002	−0.007	−0.001	0.019
	0.279	0.275	0.28	0.275	0.282	0.273
社会交往网博士比例	0.594*	0.598*	0.589*	0.549*	0.575*	0.547*
	0.206*	0.208*	0.205*	0.191*	0.200*	0.19*
	0.241	0.236	0.242	0.238	0.248	0.239
知识技能变量						
能力主成分	0.246***	0.255***	0.259***	0.217**	0.246***	0.251***
	0.337***	0.350***	0.355***	0.298**	0.336***	0.343***
	0.065	0.064	0.069	0.066	0.066	0.067
控制变量						
性别	−0.16	−0.171	−0.157	−0.141	−0.16	−0.057
	−0.083	−0.089	−0.082	−0.073	−0.083	−0.078
	0.17	0.167	0.171	0.167	0.171	0.31
年龄	0.035*	0.033	0.036	0.035	0.036	−0.141
	0.18*	0.172	0.187	0.179	0.185	−0.073
	0.021	0.021	0.021	0.021	0.021	0.164
婚姻状态	0.068	0.064	0.076	0.075	0.069	0.035
	0.042	0.039	0.046	0.046	0.043	0.183
	0.142	0.139	0.143	0.139	0.142	0.021
当期单位工作时间	−0.269	−0.234	−0.279	−0.275	−0.272	0.087
	−0.177	−0.154	−0.183	−0.181	−0.178	0.054
	0.159	0.156	0.16	0.156	0.16	0.137
企业类型	−0.006	−0.025	0.011	0.011	0.003	−0.264
	−0.003	−0.013	0.006	0.005	0.001	−0.173
	0.165	0.162	0.168	0.163	0.168	0.155

续　表

	模型 7	模型 8	模型 9	模型 10	模型 11	模型 12
岗位	0.071	0.064	0.07	0.087	0.071	0.029
	0.038	0.034	0.037	0.046	0.038	0.015
	0.164	0.161	0.165	0.162	0.165	0.165
R 方	0.311	0.348	0.313	0.342	0.321	0.386
调整后 R 方	0.238	0.272	0.233	0.265	0.231	0.294
F 统计值	4.262***	4.573***	3.915***	4.461***	3.833***	4.191***
Durbin-Watson	2.292	2.224	2.3	2.273	2.304	2.229

注：$^{*}p<0.05$；$^{**}p<0.01$；$^{***}p<=0.001$（双侧检验）；表中第一行数值为非标准化系数，第二行数值为标准化系数，第三行数值为标准差。

2. 能力和社会网络的联合作用

为了进一步验证能力和社会网络对博士晋升的联合作用机制，研究引入能力和社会网络的交互项来识别二者之间是替代还是互补关系，模型 8、9、10、11 分别引入工作网关系人年龄异质性和能力的交互项、重要决策网强关系和能力的交互项、危机支持网结构洞和能力的交互项、社会交往网博士比例与能力的交互项，模型 12 引入所有交互项。由于在加入交互项时出现了多重共线问题，因此对社会网络的四个变量均去中心化后再与能力项进行相乘。经处理后，VIF 值均小于 10，较好控制多重共线问题。模型 12 的 R 方值，从模型 7 的 0.311 提高到了 0.386，有力提高了模型的解释力。

在加入的社会网络变量与能力变量的交互项中，通过显著性检验的有：工作信息网关系人年龄异质性与能力的交互项、危机支持网结构洞与能力的交互项，故 H6b，H8b 成立。这说明，这两个社会网络变量与能力之间存在相互促进作用，具有较强的互补关系。研究没有发现其他两个社会网络变量与能力交互项对满意度的显著作用，故 H7b，H9b 不成立。虽然危机支持网结构洞单独对工作满意度的作用不显著，但是危机支持网络的结构洞与能力之间存在互相促进关系，这更进一步说明，危机支持网结构洞对满意度的积极作用依赖于能力的调节。

第四节　小　　结

本章定量研究的目的是检查能力和社会网络在多大程度上对企业就职理工科博士的晋升和工作满意度产生影响作用。根据人力资本和社会资本领域的相关研究,提出研究假设,其中一部分假设被验证,一部分假设被推翻。具体研究结果见表 3 - 12。

表 3 - 12　研究假设验证结果

假 设 验 证	结果	表
H1a：能力对晋升有积极影响	不支持	表 3 - 10
H1b：能力对工作满意度有积极影响	支持	表 3 - 11
H2：工作信息网密度对晋升有积极影响	支持	表 3 - 10
H3：重要决策网社会地位高关系人比例对晋升有积极影响	不支持	表 3 - 10
H4：危机支持网单位领导比例对晋升有积极影响	不支持	表 3 - 10
H5：社会交往网关系类型多样性对晋升有积极影响	支持	表 3 - 10
H6：工作信息网关系人年龄异质性对工作满意度有积极影响	支持	表 3 - 11
H7：重要决策网强关系比例对工作满意度有积极影响	支持	表 3 - 11
H8：危机支持网结构洞对工作满意度有积极影响	不支持	表 3 - 11
H9：社会交往网博士学历关系人比例对工作满意度有积极影响	支持	表 3 - 11
H2a：工作信息网密度和能力对晋升有积极影响	不支持	表 3 - 10
H3a：重要决策网社会地位高关系人比例和能力对晋升有积极影响	不支持	表 3 - 10
H4a：危机支持网单位领导比例和能力对晋升有积极影响	不支持	表 3 - 10
H5a：社会交往网关系类型多样性和能力对晋升有积极影响	支持	表 3 - 10
H6b：工作信息网关系人年龄异质性和能力对工作满意度有积极影响	支持	表 3 - 11
H7b：重要决策网强关系比例和能力对工作满意度有积极影响	不支持	表 3 - 11
H8b：危机支持网结构洞和能力对工作满意度有积极影响	支持	表 3 - 11
H9b：社会交往网博士学历关系人比例和能力对工作满意度有积极影响	不支持	表 3 - 11

通过研究发现,工作信息网密度和社会交往网关系人类型多样性越大的博士,晋升可能性越高。研究未发现能力对晋升有显著的积极作用。但是,当加入

各个社会网络变量与能力的交互项后发现,社会交往网关系类型多样性和能力的交互作用对晋升有积极影响。这说明,博士工作外社交关系人类型多样化对晋升的作用,受到个人能力的调节,或者说个体能力对晋升的作用,受到社会交往关系人类型多样性的调节。

对企业就职博士工作满意度有影响作用的因素,按照作用程度大小依次是:能力、重要决策网强关系比例、社会交往网博士比例、工作信息网年龄异质性。当加入人力资本与社会资本的交互项时,工作信息网关系人年龄异质性和能力的交互项、危机支持网结构洞和能力的交互作用都对工作满意度有显著的积极作用。意味着,当工作信息网关系人年龄异质性、危机支持网结构洞指标每增加一个单位,个人能力对工作满意度的作用就随之增强;或者,当随着个人能力每增加一个单位,工作信息网关系人年龄异质性、危机支持网结构洞指标对工作满意度的作用也跟着增加。

第四章
理工科博士非学术职业成功影响因素的质性探索

随着现代科技和知识经济兴起，个体越向上流动，在个人能力上的相似性会越明显。当个体拥有相似水平的知识和技能、相似社会网络背景时，仍然会形成不同水平的职业结果。然而，人力资本的相关研究没有阐释个人能力的强弱如何影响个人认知及职业行为，无法完全解释收入或职业发展其他方面产生的个体差异。而社会资本理论也没有阐释有影响力的他人或网络所包含的资源和信息是如何加强、破坏或者塑造个人认知，从而最终对职业结果产生影响。对于这一复杂现象，社会认知职业理论认为，人们的职业行为与结果不仅受到个人投入因素（如个人特质、能力）、社会支持因素（如个人社会网络）、背景因素（如客观环境和主观心理环境）、学习经历的影响，还受到个人认知因素（自我效能感和结果期待）的作用。自我效能感（人们对自身能力的信念）和结果期待（对特定行为产生结果的预期），在能力和社会网络对职业结果产生作用的过程中起到调节作用。因此，以社会认知职业理论为指导开展定性研究，在解释复杂职业行为和促进积极心理调节时十分适用，能帮助阐释博士的个人投入因素、社会支持因素、背景因素、学习经历和个人认知因素对他们职业发展的作用。

第一节　针对理工科博士非学术职业
成功开展定性研究

本章定性研究的目的是以社会认知职业理论为理论框架，探索影响企业就职博士获得职业成功的因素，理解能力、社会网络及其他因素之间如何互动并促进博士在企业的职业发展。

(一) 研究方法

1. 数据收集

在对问卷回收后,对在问卷后回答"愿意参与后续访谈"的被试进行统计。在愿意接受访谈的受访者中,采取目的性抽样,根据最大差异原则,选取访谈的受访者。根据被试在问卷中留下的联系方式,用短信发送访谈邀请。按照晋升次数和满意度评价分数,将受访者分成四组:晋升满意组,晋升不满意组,不晋升不满意组,不晋升满意组。尽量平衡好从事不同类型岗位的人数,包括纯研发岗、技术背景的基层管理岗、技术背景的中层管理岗、非传统技术岗。访谈样本包括 19 名受访者,是问卷调查样本的子样本,基本情况如表 4-1 所示,受访者已匿名。表 4-1 呈现了受访者的人口学特征和工作特征,其中,晋升水平=0,表示在当前单位没有晋升过;晋升水平=1,表示在当前单位晋升过;满意度=0,表示对当前工作总体不满意;满意度=1,表示对当前工作总体上感到满意。

表 4-1　受访博士的基本信息

文本名	晋升水平	满意度	性别	年龄	在当前工作时间	岗位类型	企业类型
L	0	0	女	33	3—4 年	研发一般员工	外资企业
C	0	0	男	33	6—7 年	研发一般员工	民营企业
D	0	0	男	39	1—2 年	工程监理	国有企业
J	0	1	男	34	1—2 年	市场营销	外资企业
X	0	1	男	31	0—1 年	研发一般员工	国有企业
Z	0	1	男	29	1—2 年	研发一般员工	国有企业
F	0	1	男	32	1—2 年	研发一般员工	民营企业
B	0	1	男	32	1—2 年	研发一般员工	外资企业
Y	0	0	男	34	3—4 年	研发一般员工	国有企业
O	0	1	男	31	2—3 年	市场技术支持	外资企业
E	0	1	男	34	2—3 年	研发一般员工	国有企业
S	1	1	男	34	1—2 年	技术背景基层	国有企业
T	1	0	男	34	2—3 年	技术背景基层	国有企业
W	1	1	男	34	4—5 年	技术背景基层	国有企业

文本名	晋升水平	满意度	性别	年龄	在当前工作时间	岗位类型	企业类型
H	1	0	男	39	5—6 年	技术背景基层	外资企业
R	1	1	男	34	2—3 年	技术背景中层	国有企业
U	1	1	男	36	5—6 年	技术背景中层	国有企业
P	1	1	男	35	6—7 年	技术背景中层	国有企业
Q	1	0	男	38	7—8 年	技术背景中层	国有企业

2. 访谈

访谈方式包括面对面访谈和电话访谈,受访者被邀请签署知情同意书。访谈时间从 25 分钟到 1 小时 15 分钟不等。较短的访谈时间是由于在被访者的上班时间插入的访谈,不得不因为工作原因而进行了较短时间的对话。在征求被访者同意后对谈话进行录音,在访谈结束后对录音进行了文本转录。

根据定性研究的研究目的和研究问题,参考相关文献,梳理形成访谈问题。为引出被访者的回答,访谈问题尽量使用开放式提问,从简单到复杂,再回到简单问题。研究者和 2 名高等教育和人才发展领域的研究者共同对访谈问题草稿进行讨论和修改,主要考虑以下这些问题:所提问题的语言表述是否可以被受访者理解和是否可以引出相关回应,问题的顺序是否有逻辑性。接下来,研究者使用修正后的访谈问题对 2 名企业就职博士员工进行预访谈记录访谈过程中提出不顺畅和被访者表示不理解的问题;在回听访谈录音时,找出探测不到位的地方,增加探测问题;对问题表述和问题顺序进行调整和完善,最终形成的访谈提纲请见附录 2。

3. 数据分析方法

（1）数据编码

对访谈资料采取质性内容分析法(Schreier,2012),将每个访谈文本作为分析单元,对 19 个访谈文本、笔记逐个进行分析。以综合而成的社会认知职业理论企业就职博士职业成功理论框架作为编码指导,采用概念驱动和数据驱动相结合的编码方式。

先选取 7 名个人特点和工作特征有差异的被访者作为分析对象,形成初始编码框架。并在 1 个月后进行了第二轮编码。对两次编码进行了比较,修正编码框架。具体过程如下：

在访谈录音转录及文本阅读的过程中，对受访者关于影响职业发展因素的回答有一个初步的总体性感受，对特定的陈述、引用、语言或核心概念做笔记。

对特定陈述进行编码，使每个编码都与一个独特且不重复的特定陈述相联系，每个编码都具有平等地位。在编码时，尽量保持原始语言和语句结构。使用三种编码方法：如实编码（in vivo coding）采用被访者确切的语句；描述性编码（descriptive coding），例如基于研究者对特定事件或被访者表现出的情绪的解释；演绎性编码（deductive coding），例如基于理论的编码（Miles & Huberman，1994）。对每个编码进行持续比较，以确保在编码过程中的一致性。对每个特定陈述的意义进行具体说明。

将所有编码下包含的特定陈述中非常相似的内容进行分组，形成主题类别。为最大程度减少偏见，在主题生成的反复过程中，研究者要有意识地暂时搁置有疑义的方面或者任何研究者一开始就持有的关于职业成功影响因素的认知，包括：研究者根据相关文献得出而访谈并未提及的认知，以及未曾在文献中阅读过而在访谈中提及的观点。

对访谈资料反复阅读比较辨析，将出现的主题进行分类，最终确定八个主题领域：个人特质、能力、社会网络、博士生教育经历、工作经历、背景因素、自我效能感、结果期待。每个主题领域下包括不同主题及子主题，具体见定性研究结果。在初次编码后的一个月时间里，又进行了第二次初始编码，最终形成的编码框架。

（2）数据分析

数据分析主要采用两种方式：描述主题和数据转换。

描述主题，具体描述每个主题及其子主题的定义和提及频次。计算各个主题被提及的次数，当同个样本多次提及某个子主题时，根据该子主题是否被强调以及是否表述多重意思，进行多次计数。被提及频率越多的主题或子主题，对企业就职博士职业发展的重要性越大。

数据转换，将定性数据转换为定量数据。分别计算晋升满意组、晋升不满意组、未晋升满意组、未晋升不满足组四组样本提及所有主题和子主题的次数和百分比，再进行分组比较。

4. 可信度和可靠性

用以下方法来增强质性研究结果可信度和可靠性：持续参与，检查研究者的偏见,深度描述。

持续参与。在近一年时间里对19位博士进行访谈,每一次访谈相隔一些时间,确保有充分的时间和机会检查不准确的信息,从而确认符合研究目的的质性数据。

检查研究者的偏见。研究者的个人身份和经验性知识对研究产生影响。本研究的作者是女性社会科学博士生,对博士生教育培养模式有一定了解,研究者根据文献对某些主题的出现与否有预设,或更偏向某类观点;研究者缺少理工科领域的知识储备。为了避免因产生偏见对研究产生额外影响,研究者始终保持反思,并准备了详细的访谈提纲,在访谈时注意避免提供多余的有引导的信息;在被访者描述专业相关信息时给予积极反馈,以避免被访者克制地描述一些专业信息。

深度描述。研究者收集了详细且尽可能完整的数据,以期最大化地发现意义。研究者对数据逐字逐句转录,对语义和非语义线索都尽可能做了笔记,以期得到深度和丰富的数据,确保对访谈收集的信息进行准确描述。

第二节 理工科博士非学术职业成功
影响因素的质性分析

(一) 编码框架

以社会认知职业理论作为编码指导,对访谈资料进行编码,形成 522 个编码,八个主题领域及相关主题。

编码框架如表 4-2 所示。可见对企业就职博士有影响的因素分别是:个人特质、能力、社会网络、博士生教育经历、工作经历、背景因素、自我效能感和结果期待。下面依次论述每个主题领域下的主题和子主题。

表 4-2 编 码 框 架

主题领域	主题
个人特质	年龄 身体素质
能力	项目能力 一般能力

续　表

社会网络	组织内网络 组织外网络
博士生教育经历	培养了与工作相关的能力和品格 学位受到企业重视和客户信任 丰富的科研经历对工作有益 积累的人脉与资源可以为企业所用
工作经历	具备工作经验 工作表现突出 为企业直接创造收益
背景因素	组织环境 主观心理环境
自我效能感	过往经历 心理状态 观察学习
结果期待	效能预期 结果预期

(二) 个人特质

表4-3呈现了影响企业就职博士职业成功的个人特质：年龄、身体素质。

表4-3　个人特质

主　题	描　述	频　次
年　龄	年龄大小在职业发展中有一定作用。	10
身体素质	健康体魄、充沛精力是职业发展前提。	3

由于博士年龄较大，可能会在时间和精力方面不如本科硕士有优势。健康的身体是事业发展的前提，例如：

"我现在已经有点三高了,年纪轻轻可能还是要注意健康,这个是很重要,因为你如果做技术工作的话,说白了你还是要拼一个健康的身体。"(E)

(三) 能力

表 4-4 呈现了能力主题领域的子主题及子主题的描述和频次。

表 4-4　能　　力

主题	子主题	描述	频次
项目能力	团队管理与协调能力	具有团队合作精神,能管理好团队,并能协调单位内部或单位之间的各方资源。	21
	技术实力	完成日常工作中的技术类工作,具备突破专业领域内复杂技术问题的能力,包括专业理论知识、研究技能与方法。	16
	创新能力	技术类创新能力:引进、研发或显著地提升产品或流程;非技术类创新能力:为业务结构、管理或市场实践带来改变。	14
	判断和把握发展方向	在项目申请和研制、决定企业发展的政策制定过程中,判断定位和把控方向。	13
	满足和开拓市场的能力	在设计、销售产品等活动中,能够满足客户需求,为企业开辟更多市场。	13
	解决有难度问题的能力	找到别人无法解决、有难度问题的解决途径,包括能找到解决难题的关键人物,并能得到帮助。	10
	领导能力	在团队中具有向心力,在工作态度和行为上对他人发挥正面影响和起到表率作用。	7
	项目管理能力	能系统规划和组织项目的能力,包括各个子项目之间的统筹、衔接工作。	5
一般能力	人际交往能力	在与人相处时成为一个受欢迎的角色,在有需求时别人愿意都来支持自己。	19
	品格与工作态度	一切有利于工作的习惯和态度。	17
	沟通交流能力	在专业对话情境中,一方面能理解他人表达的意思,抓住他人提问的核心要点准确回答,另一方面能抓住重点地明确表达自己的意见。	15
	时间管理能力	平衡并按时完成多个项目,不重复劳动,具有处理复杂事务的能力,在有限时间内高效率工作。	14

续　表

主题	子 主 题	描　　述	频次
一般 能力	持续学习能力	始终保持主动学习新知识和新技术、接触多元化信息 的态度,持续努力推进项目进展,坚持摸索管理经验。	10
	商务能力	具备与工作会务有关的速记、英语会话等能力。	6

被提及频次越多的能力,其在企业就职博士职业发展中的重要性越大。按提及频次多少,依次论述各项能力对企业就职博士职业成功的重要作用。

企业就职博士提及的影响职业成功的能力包含两方面: 项目能力和一般能力。

1. 项目能力

项目能力是指与项目设计、开发、运行、管理等一切与项目有关活动相关的能力。对企业就职博士职业成功有重要作用的项目能力有:

团队管理与协调能力,是指具有良好的合作精神,并且能在管理好团队的情况下,带领团队处理好各方关系和协调好各方资源。该项能力是被提及次数最多的项目能力(21)。具体体现在两个方面: 团队内部管理和合作能力,在部门或单位之间的协调能力。

团队内部管理和合作能力,被提及 15 次,如:

"搞团队嘛,要团队精神比较好,能让这个项目比较容易开展下去。"(T)

"到一定级别,企业希望你能对其他东西有一定指导,或者它希望你有能力把这个两三人的小团队带好。"(C)

在部门或单位之间的协调能力,被提及 6 次。如:

"我刚工作的时候就有人和我说,你在公司里面,要学会利用好公司的资源,一开始听的时候不明白,但后来发现就是这么回事。因为你在一个项目组的时候,并不是说你什么事情都要去靠自己,你可以去运用好部门的资源,还有公司其他部门资源。"(Q)

"单位内部的协同,你怎样和其他组员进行交流,大家一起把这个事一起做好,还有就是你要和一些外场单位,还有一些上下级单位,协调进度方面的问题,资源材料方面的问题,就看你怎样去协调,这也是一个协调能力。"(X)

技术实力,被提及 16 次,是第二重要的项目能力。技术实力是指能完成日常工作中基本技术类工作,突破专业领域内复杂技术问题,同时具备专业理论知识、研究技能与方法。在攻坚项目时,只有具备一定的技术实力,才能取得项目进展和突破。毋庸置疑,技术实力对晋升的重要性非常大,尤其在特别重视研发的国防科技单位。由一般员工晋升为中层管理者,并非是从技术岗向纯管理岗的转变,而是从研发者向具有技术背景的管理者的跨越。如博士们所说:

"一方面就是技术,其实来这一年之后(单位)就让我当中层领导,我拒绝了。因为这是科研单位,就必须先扎扎实实地干技术,我必须把这个技术干好,把公司项目干好⋯⋯"(P)

"老总也不希望你脱离技术路线,你如果完全是搞管理的话,可能在技术这个方向就走窄了,实际情况是我们这边跟其他国企和私企外企还是区别蛮大的,我们这边呢,包括领导都是走技术路线的,而且还是非常专注技术发展的,你如果技术不够硬的话,基本上不到管理层。"(W)

创新能力,被提及 14 次,是第三重要的项目能力。创新能力是指创造新的或改进原有商业实践的能力,包括技术类创新和非技术类创新两方面。技术类创新是指在产品研发和改进上有显著的贡献,非技术类创新是指为业务结构、管理或市场实践带来改变的活动(Robson & Achur,2012)。

技术类创新在企业就职博士的课题申请、技术研发中作用显著,X 以他的一位榜样为例,如此说道:

"他会不停地有想法,有各种各样的课题做,有点类似于学校里那种很强的导师,相当于说,可以想到很多可以做的点子,还是那种会转化为生产力的点子。"

非技术类创新,是博士给企业技术外的工作带来新的实践改变,举例来说:

"除此之外一些管理,一些制度规章,一些标准,这些都可以包括在内,都是对公司有意义的事。对公司有意义,我认为就是对自己有意义。"(Z)

"特别是一个项目组,它是不是健康,非常关键,因为项目组健康的话,能够保证当你要调离岗位的时候,你后面的人还能够继续沿着你之前一些方向去提升。我觉得也是由于自己之前三年在这些方面的工作经历促使现在有了非常好的成绩。"(Q)

判断和把握发展方向,被提及 13 次,是第四重要的项目能力。该项能力是指无论是在申请项目、项目研制、团队建设中,还是在决定企业发展的决策制定中,对业务发展方向和定位的判断和把控。

"博士对发展方向、整个团队的建设很重要,包括思考专业的发展方向,这是博士要干的事。"(P)

"你博士几年毕业,也不是白读的,因为你视野会比较宽一些,在做一些判断的时候,能够判断得比较准确一些。"(Q)

满足和开拓市场的能力,是指能够满足客户需求,为企业开辟更多市场。博士满足和开拓市场能力主要体现在两方面,一方面是在设计产品时能了解和满足客户要求。例如:

"可能就是会多了解一些市场需求,问他们(客户)需要什么,我们能不能做,所里面也比较重视这些信息的搜集,因为型号的任务,后续可能会变少,互相转型升级,搞一些民品的话,就要了解外面的情况,也是想发展一下横向的课题。"(T)

另一方面是博士能通过多方关系结识更多客户,开拓更多业务,在销售产品时得到客户信任,包括计算成本资金、回应专业质询。例如:

"不管是国企、私企、外企,它肯定是面向市场,在做产品。因为市场毕竟是有市场要求和客户要求的,你如果完成不了这个产品,是不可能发布的。这样的话,它会有很硬性的指标评估你到底有没有完成你之前设定的一些东西,包括客户要求。"(B)

解决有难度问题的能力,是指找到别人无法解决、有难度问题的解决途径,包括能找到解决难题的关键人物,并能得到帮助。这种能力的作用体现在制定和执行各种难题的解决方案时:

"(解决)复杂问题的话呢其实也有一些手段……另外一种方式就是,你想出来一种解决问题的方案,自己去向领导汇报,包括请外部的专家来对你的方案进行评审,提出一些意见,那领导就会掌握这些情况,虽然说有一定的难度,但是也不是完全不能解决的,就是要多耗点精力,但是这个耗精力的过程,你慢慢把领导说服的过程,对你的水平提升可能有正面作用。"(W)

也体现在专业领域内攻破技术难题时:

"当时我们在做这种产品开发的时候碰到了一个问题,就是整个我们的系统,无法控制,但是呢又没有资料,没有现成的经验可以用,那个时候我就通过自己的渠道收集了很多资料,对一些现有的资料进行研究,我也把在博士期间我自己研究出来的数学工具运用起来,然后通过数学上的一些方法把一个控制的模

型,反推出来了,然后用到我们的产品上面呢,发现效果非常好。"(H)

领导能力,是指在团队中具有向心力,在工作态度和行为上对他人发挥正面影响和起到表率作用。举例来说:

"一些工作态度,你是否热情,是否有激情,是否对整个团队有一些正面的影响作用,这些也会是在考量当中的。"(F)

"即便你是领导,那你管理的也只是说,如何协调大家把这件事情做好,那么这个领导所解决的就是,比如说,我遇到问题需要解决的时候,我知道去找哪些部门去协调,去哪能找到最关键的人,然后能集合这些人把这件事情做好,这就是领导的能力。"(L)

项目管理能力,是能系统规划和组织项目的能力,包括各个子项目之间的统筹和衔接工作。举例来说:

"必须把这个技术干好……掌握整个项目管理这整个一块东西。"(P)

"作为组长的话,也要执行另外的、额外的统筹方面的工作。"(F)

2. 一般能力

一般能力,是适用于一般工作情境的能力。企业就职博士所提及的一般能力,按照提及频次多少依次是:

人际交往能力,是指无论工作还是平时与人相处时,能不能成为一个受欢迎的角色,在有需求时别人是否能来支持自己。该项能力被提及 19 次,是对企业就职博士职业成功最重要的一般能力,体现在:

"在一个研发中心里面,在一个企业里面,除非我们在做高精尖的东西,一般来讲,绝大部分工作应该说是每个人都能胜任的,也就是说智商都不成问题,但是情商,如果我们非要说是情商的话,就决定了你在这个组织里面是不是一个受欢迎的角色,还有你的工作是不是能够得到大家的支持,实际上对你个人有没有可能会发光发亮有很大的关系。"(H)

"运用好部门的资源,还有公司其他部门资源,但是你怎么去利用呢,可能这个时候,我们就会发现,可能靠公司制度来讲的话,也不太好使,因为其他部门可以不搭理你的,这个时候,你如何去跟其他部门的人在私人之间建立起一个比较好的关系(就很重要),在你有需求的时候,人家其他部门才会去帮助你。"(Q)

良好品格与工作态度,是指一切有利于工作的个人品质和习惯。该项能力被提及 17 次,是第二重要的一般能力。对企业就职博士职业成功有重要影响的品格和工作态度包括：有责任心，勤劳，认真，注意细节，主动，努力，踏实肯干等。举例来说：

"因为大家做的都是同一样东西，可能就是一些细节方面的东西，会决定你的成败。"（F）

"做人要有责任心，你要对你做过每一件事情都比较上心比较负责。"（L）

沟通交流能力，是指在日常工作情境对话中，能理解他人表达的意思，抓住他人提问的核心要点明确回答或表达自己的意见，在专家会话、技术审查等重要场合，较好地进行专业技术层面的交流。沟通交流，是人际交往中的第一步，只有在言语沟通中与他人达成顺畅的交流，才能为建立良好的人际交往关系提供基础。该项能力被提及 15 次，是第三重要的一般能力，具体体现在：

"你在反映问题，以及在别人提问一些事情的时候，你在解答的时候，要很明确。"（L）

"说话也比较实在的，就是比较实事求是，另外一个还要抓住问题的核心，就是问题根源在哪，你需要我解决什么问题。"（P）

"因为我们作为技术组，一些外来专家来了以后肯定都是我们来负责交流接待。你的技术水平至少要达到能和这些专家交流的水平，要不然你永远上不了台。"（E）

时间管理能力，是指平衡并按时完成多个项目，具有处理复杂事务的能力，以及在有限时间内高效率工作。这项能力被提及 14 次，是第四重要的一般能力。当博士进入到企业后，研究性工作只是一部分，还要处理团队资源协调、课题申报等其他工作事务。如何分配好时间完成各项工作，直接决定了个人完成工作的质量。此外，和在高校中开展科研不同，企业中的研究性工作更多地需要团队成员配合协作才能顺利完成。因此，如何避免重复劳动和提高效率，成为项目快速推进的保障。举例来说：

"一个是效率一个是时间，首先需要保证足够的时间去工作，再一个是效率要高，如果有这两样，就可以。"（Z）

"这个性质的工作，有很多突发性的任务，你怎么短时间完成，还有就是我们每个人都有多个项目，每个项目它都有轻重缓急。"（T）

持续学习能力，是指个人在工作中始终保持主动学习新知识和新技术、接触多元化信息的态度，持续努力推进项目进展，坚持摸索管理经验。当博士进入企业后,所攻克的研究领域不一定与博士研究方向一致,有时需要转换研究领域。此时,博士能否快速学习新知识,将各项能力迁移到新的领域并良好发挥,是影响职业发展的主要条件。另一方面,除了在专业技术领域需要持续学习,在企业文化和规则的适应以及管理经验的积累方面,博士也需要在一点一滴工作中持续学习和积累工作方法。例如:

"我觉得他(受访者认可的博士)现在干的这件事情,和他原来所学专业不是很符合,不太一样,但是他能迅速地转变自己的专业方向。"(T)

"完全看自己,想要有优势的话,必须积极地去推进,这个任何人都这样,硕士未必比博士差,看你这几年怎么利用了,如果说你真正地去努力,我感觉应该是可以的,有一定的优势的。"(Z)

"这种项目的组织能力,我觉得更多的应该是靠自己工作的这种积累,自己的这种参悟,或者是通过自己后续的这种学习啊,才得到这种能力。"(H)

商务能力,是指与商业事务有关的能力。企业就职博士提及的商务能力包括:英语会话、速记能力、会议纪要写作等能力。例如:

"在外企做研发的话,首先你英语沟通肯定是要非常好的,因为你经常要开各种各样的国际会议,跟美国呀或者印度那边沟通交流。"(L)

"开完会之后,写会议纪要的能力,我觉得这种需要总结性、条理性都非常强。"(B)

(四) 社会网络

表 4-5 呈现了对企业就职理工科博士职业发展有帮助的社会网络,包括组织外社会网络和组织内社会网络。

表 4-5 社 会 网 络

主 题	子 主 题	描 述	频次
组织外社会网络	老师同学	保持对职业有益联系的博士生导师、博士生同学以及其他老师、同学。	15
	家人朋友	给予情感或工具性支持的亲戚和朋友。	6
	客户关系	保持工作关系的客户。	4
	国内外同行	保持工作伙伴关系的同行。	3

续　表

主　题	子　主　题	描　　　述	频次
组织内社会网络	领导	对博士职业晋升有影响作用的领导。	20
	同事	对博士职业晋升有影响作用的同事。	6

1. 组织外社会网络

组织外社会网络是对企业就职博士有情感、工具性帮助的单位外部关系人组成的网络,按照提及频次高低依次是:老师同学、家人朋友、客户关系、国内外同行。

博士毕业后会与博士导师、博士同学保持工作来往。有的博士导师在之前就与博士所在企业有合作,如 W 所说"我们导师以前就跟我们所里面的领导有合作。"有的博士还会向所在企业推荐自己的博士同学,如 O 所说:"我有一些学弟……我到目前为止推荐了七个人到我们公司。"还有的博士会向博士同学请教问题,如 LH 所说:"我会找一些以前的同学,在这方面他们会给出一些指导。"

也有博士非常感谢本科、硕士期间老师的引导和心理支持,例如:

"我大学的班主任对我影响非常大,他非常非常有人格魅力,他经常说,要想自己将来要成为一个什么样的人。那时候开始我就对人生的规划非常清晰。"(P)

家人朋友对博士的帮助主要体现在,在博士遇到工作难题时给予情感支持或实质帮助,例如:

"我会和同学好朋友聊聊天,做科研项目,遇到点瓶颈,多给大家聊一聊,也许一聊就聊出办法,有时候比自己钻牛角尖要好。"(P)

"朋友和亲戚对于自己的教导……因为很多问题,可能处于一个朋友或亲戚的角度,他可能会说得非常透彻一些,或者切到这个问题的要害。"(Y)

国内外同行的作用体现在,博士如果平时注重积累单位外部的工作伙伴关系,有利于商讨和签署合同、展开课题项目合作,从而会对博士个人职业发展有很大帮助,例如:

"我为什么会认识 A 呢,因为和他们一起做课题做项目,普通工程师不是做空调嘛,比如我手里很多很多他们没有机会参与的课题,所以他们专业能力再强也没人知道,也没机会。和他们做课题的时候,有一些数据结果就可以发表文章,或者如果有一些我可以做的,什么单位之间的协调,一些内容数据整理、召开会议等等这些都会让我去做,这样就可以做很多事情了。"(R)

2. 组织内社会网络

组织内社会网络是由对企业就职博士有情感、工具性帮助的单位内部关系人组成的网络,包括领导、团队内部同事、其他部门同事。

最多被提及的关系人是领导(20)。领导在博士员工成长道路上至为重要,领导是否支持个人专业成长,是否为员工创造机会,直接决定了员工的成长快慢。当博士进入企业时,相比同龄非博士学历者,更加缺少工作经验,此时如果受到领导指引或得到伯乐点拨,会更好更快领略"职场经",可以节省精力更专注于为企业服务的"攻坚克难"上。领导的重要性,如以下博士所说:

"一个人在一个组织里面,如果他的直属领导,能很快获得晋升的话,那么他就会为他的下属留下空缺,他的下属很快也能得到相应的机会。这个领导如果上升得更快,就会有更多的空缺出来,作为跟着他的下属就会因为有更多的空缺而获取到更多的机会,这是一方面。另外一方面,这样一个领导,如果他能够得以上升,必然是因为他跟别人比有一些优势,那么他的这种优势,会带动他的下属,可以通过训练下属,让他的下属也变得更加优秀,这就是一个良性循环。"(H)

(五) 博士生教育经历

博士生教育训练对博士个人职业的价值体现在四方面,具体见表 4 - 6。

表 4 - 6 博士生教育经历

主 题	子 主 题	描 述	频次
培养了与工作相关的能力	科研能力	创新能力	11
		写作能力	11
		基本研究技能	9
		解决复杂问题能力	8
		调研分析能力	7
		知识面深而广	7
		逻辑思维方式	6
		独立科研能力	5

续　表

主　题	子　主　题	描　　述	频次
培养了与工作相关的能力	一般能力	良好品格和工作态度	9
		持续学习能力	7
		对他人辅导	5
		团队协调能力	3
		沟通表达能力	2
学位受到企业重视和客户信任	受企业重视	企业重视博士人才,希望博士帮助企业解决问题。	6
	是入职的敲门砖	博士学位是就职的必备条件。	4
	受客户信任	博士受到客户信任。	2
丰富的科研经历对工作有益	研究内容和工作有联系	科研经历对博士的工作有益处。	5
	接触东西多而广	博士生教育期间学习的广泛内容对工作有实质帮助。	5
	工程项目经验多	接触工程项目多,对博士适应企业工作、转变企业员工角色有较大帮助。	2
积累的人脉与资源可为企业所用	新技术	读博士期间接触前沿知识与技术为企业注入新思维和新想法。	5
	人脉关系	博士生教育期间积累的各项关系与技术对博士工作有益。	2

1. 培养了与工作相关的能力

博士学位训练增强了个体多样化的能力,包括科研能力与一般能力两大方面。提及次数最多的科研能力占 79%,一般能力占 21%。科研能力是指与从事研究相关的必备能力。按提及频次高低,依次阐述。

创新能力,是受访博士认为的对企业工作最具价值的能力。创新能力的作用主要体现在以下工作中:探索前沿性研究,创新横向纵向课题,研发产品技术,研制和更新型号,推进技术的成熟度等。如 D 所描述:

"如果有博士学位的话,他考虑问题会不一样,会远一点,会走得比较前面一点,因为他不太习惯于今天明天后天都是一模一样的工作,第二个就是他接受新事物的能力也强一点,不太愿意重复那种今天明天后天都是一模一样的事情。

我们打个比方,可口可乐它生产汽水,配方一直是老的,那么灌装的这个过程,每天都是一样的。这样的话,如果你博士去了的话,肯定是受不了的。但如果明天生产橙汁,那可能就有兴趣了,它也开发新产品了。"

写作能力。经过科研训练,博士在写作方面具有优势。受访博士表示,企业工作的很多时间都用来进行文案、公函文件、科技论证报告的写作。尤其是在申请课题时,写作能力非常关键,它使博士的优势显现出来。

"读了博士以后,包括你写的东西,你读的东西,把它转化的能力,会比硕士强。比如写一份工作总结,写一份汇报,博士写的可能和硕士写的,还是会有一点差别的。无论是文字、思路,还是整个逻辑的条理性,还是博士比较有优势一点。"(F)

"主要是申请项目,这块博士有很大的优势,因为是写科技性的论证报告,反正我的体会非常大,你让一个硕士和一个新毕业的博士去写东西,这绝对是不一样的,这个差别还是挺大的。"(U)

"很明显地体会到,因为可能在学校就没那么明显,在申请国家项目这方面,撰写项目论证报告、前期报告,包括项目建议书,你工作了之后会发现本科、硕士的写作水平跟博士差距非常大。"(P)

基本研究技能。博士通过博士生教育训练获得的基本研究技能,是博士与其他学位获得者相比的优势所在。这些研究技能包括掌握数学工具和编程语言,建立和调控模型,具备多学科理论功底等。例如:

"像我们以前是做低温两相流,算是一个跨学科,相当于又要考虑低温,又要考虑两相流,又要考虑一些机械,是一个综合性的东西,所以它方程数量是非常多的,必须要借用计算机,那你相当于说这个数值分析这一块要学得比较深入才行,要掌握相应的编程语言和 CAE、CAD 等软件工具,另外一个就是理论方面的。然后,你光做理论肯定也不行,你还要建立模型,要用实验去验证你的模型。"(X)

解决复杂问题能力。博士能运用博士生教育期间收获的能力解决工作难题,突破关键技术,在面临突发事件时处理好多方因素。举例来说:

"比方说我们在做一些产品开发的时候,通常都会和我们同行所推出来的一些产品进行对标。什么叫对标呢,就是如果我们的同行推出跟我们产品的一些功能、性能、指标参数接近的产品,我们就要和对手做一些竞争。我们通常会对现有产品的一些技术做一些创新，做一些改进，或者是有些比较大的突破。这时候就需要一定的创新能力和解决问题的能力，博士训练让我们具备了对问题的洞察力，这种解决问题的能力。"(H)

"举个例子，工地上有个供热的蒸汽管泄漏了，从地下面冒白气出来，冒气出来以后你要查原因，找原因最简单的方法就是把管子挖出来，挖出来发现确实是那个管子破了。但是，是什么原因破了，因为施工时间很短嘛，就一年不到的时间为什么就破了，我们就去给他分析，发现他这个管子热胀冷缩没有考虑好，在中间有个地方给他固定住了。里面有个小管子，把管子里面的冷凝水导出来，这个小管子通往地面处被固定住，有一个阀门，有水的话，就把它放掉，没水的话就给它关上。那么这个小管子，按道理，要跟着地上那个大管子热胀冷缩一起走，膨胀的时候也要跟着一起走。但施工的时候，把上面这头给固定住了，那么大管子那头膨胀的时候，一下子就拉裂了，就破掉了。那么我们就给他算了一下，你这么长的管子，正常的膨胀量，要达到 8 个厘米，你这边一固定，它自己还有一定的膨胀还可以拉一下，但超过 8 厘米肯定会断掉。那么就给他们讲得清清楚楚，这样的事情，如果我们不去的话，他们可能也有人懂，但是不懂的话，就只是破了再补上去。"(D)

调研分析能力。受访博士提到，博士生教育训练使他们收获了较强的调研分析能力。面对工作任务中出现的复杂难题，博士善于通过收集资料和信息，对所在问题进行深入透彻的分析，找出解决途径。举例来说：

"我们上完博士，有一个优点就是，大家什么东西都爱较真，什么东西非要把它去搞清楚。一个天线，比如做一个东西，很多人可能都以把它调出来达到目的为主，我们可能，反正我个人习惯，总是要把它弄明白，后面的原理啊机理啊搞明白，就是喜欢琢磨这些东西，琢磨得比较多点。但是公司对这些方面并不是一定感兴趣，它其实以结果为导向，比如这个天线你做出来了，至于你是想着做出来还是你重复做实验做出来的，它不太去管。有的东西前期别人在调试的时候，你在想，或者琢磨的时候，短期内不一定比别人快，但是长期还是会快一些，因为你把一些东西搞透的话，可以举一反三。你在这个产品上研究透彻了研究深了，在这个产品上不一定快，但可能会在其他更多产品上快一点，有的东西你可能没做过，但是你可以大概分析出来。如果你完全凭经验的话，你做过的东西你会了解，你没做的东西，可能就想不出来或不太多去想。"(C)

"这样一个问题,我也调研了很多国内的专家,质检院,检验所,包括厂家,那确实他们的产品肯定要差一些,达不到我们的要求。还有那些检测机构确实也校准不了老外的产品,因为它很多东西都是集成到自己流量计里了,要去校准的话必须要懂那些参数,这个参数的话国内都动不了。那这个流量计是一个很简单问题,然后问了一圈之后没有一个能解决的嘛。后来我们就考虑自己去建设校准实验室台,标准实验室台,然后再考虑跟国内的厂家一起去研发。如果说国内是有这种技术力量的话,我们不用花费这个精力去干这种事情。"(W)

知识面广而深。经过博士生教育,博士掌握了数学、物理等方面的基础知识,以及所在研究方向的学科知识,帮助博士胜任产品研发、设计和其他工作。例如:

"特别是一些工业的项目,它有一些运营维护的人,特别是他们的领班一般都经验很丰富,比如说他这个机房,他已经盯了二三十年了,可以说都是老法师,技术流的。你过去要把他们说服,那你要知道的东西得比他们还要多,然后不管是理论深度还是实践深度,要让他信服你,他才会用你这套系统。因为我们推的是一套智能化的系统,你如果对它性能不清楚,对它什么状况下运行的效率是高效点不清楚,你很难去说服他。"(J)

逻辑思维能力。由于在受教育过程中养成了有逻辑的思维方式,因此在日常工作中体现出来的思维方式也是有逻辑可循的。例如:

"博士在受教育的过程中养成了这种很科学的思维逻辑方法和做事方法。"(U)

独立科研能力。由于经过系统的研究训练,博士在进入企业后能够独当一面地从事研发工作。例如:

"企业可能对专业要求比较高,需要博士独当一面的那种能力,一进来就可以独立科研,独立承担一些项目。"(X)

除了科研能力,博士生教育还培养了一般能力,即适用于企业工作一般情境的各项能力。按照提及频次高低依次是:

良好品格与工作态度。受访博士表示,经历博士生教育,个人品格得到历练,更成熟,认真程度、细心程度更高,有很强的忍耐力,形成了踏实的工作态度,包括踏实肯干,务实,能吃苦,有耐心,能够接受高强度的工作,一步一步把事情做好。

持续学习能力。博士进入企业工作后,在从博士生角色向企业员工角色转变过程中,在岗位调动或晋升过程中,都需要及时学习新方向的知识。博士生教育期间的训练培养了博士学习新知识的能力,帮助博士在面对工作变化时能快速适应。例如:

"读了博士以后,可能会更快上手企业工作,我来了一两个月就对这份工作就比较熟悉,然后基本上通过一些简单的熟悉以后,就能够对这个工作有很清晰的了解。"(F)

"博士适应还是非常快,还是看自己的一个角色转变吧,主要还是看你在博士这几年当中,你付出了多少,你付出越多,你适应得就越快,在不跨行的情况下啊,就是说还在本行的情况下,很快就适应。"(S)

对他人辅导,是博士利用正式或非正式的培训进行技术经验的传授,与其他员工分享技术经验。举例来说:

"博士如果有技术积累可以传,内部可以互相培训,比如说前期,心得也好,技术也好,每个人有点进展和收获的话,企业都希望你尽快做些培训啊,大家都去掌握,不希望只有一个人掌握。"(C)

对他人辅导还体现在给其他同事工作指导,例如:

"我离开原来那个部门了,原来部门我做的事情,他们现在还是会叫我,因为他们那边可能做不了,或者不一定有我做得好,他们都还是会叫我。"(R)

"校对审核,相当于别人写的文件,你要能校对和审核,也需要具备这方面的知识才行,你不清楚的话,别人可能写文章存在的问题你指不出来。然后你可以帮助新来的同事迅速进入角色,还能够指出他们工作中的一些不足吧,大家一个团队可以更好地完成任务。"(W)

团队协调能力。虽然博士生教育没有针对一般能力的专门培训,但是也有博士指出因为科研项目需要,自己的团队合作与协调能力得到一定培养。例如:

"这因人而异,我当时读博的课题因为经常要处理一些协调的关系,因为要搭实验台和做课题,会和企业有合作,比如找供应商采购,跟企业就有技术确认、认证方面的协调沟通,所以对我后面的职业生涯是有一些帮助的。"(W)

沟通表达能力。博士生教育训练培养了博士在专业领域内的表达能力,有助于与同事、领导在专业方面进行顺畅沟通。例如:

"我的感受是,博士他讲一些东西,会把这个东西讲得比较透彻,会把这些问题分解得比较清楚。比如我们大家探讨一件事,很多其他人告诉你结果是什么,

起因是什么,用这个方法把事情搞定了,但是中间过程不一定讲得很清楚,方法是基于什么原理,他不一定能说得很清楚。"(C)

"我们所有的博士,刚开始工作的内容,其实都和你本来学的知识有一定联系,但我不敢说有全部的联系,这样的话,在过来的时候,你可能就比别的一些人进入一些领域更快一些,融入得会更快,包括你写一些东西,做项目,和领导啊同事啊之间的沟通就会比较顺畅。"(S)

2. 学位受到企业重视和客户信任

受访博士认为,拥有博士学位是体现他们声誉与能力的标志,表现在三个方面:

第一,有博士员工的企业对博士有很高期望,需要博士人才来解决问题,希望通过博士学历人才体现企业技术的高水平,从而在竞争市场中获取有利位置。如博士们所说:

"我这个公司要招人的话,当然是希望学历高一些的,出于对我这个企业的文化氛围比较好。"(R)

"企业要解决问题的话,你就要找资料。领导说你这个不懂,你就要搞懂,你如果是本科生,他就不会提这么高的要求,他们通过我们搞懂以后,再告诉他们应该要怎么去做,区别在这。"(D)

"毕竟还是博士嘛,企业对他的重视程度还是比较高的,期望值也比较高。"(U)

第二,博士学位是找工作时的一个条件,成为受访博士入职企业工作的敲门砖。但是,博士们都强调在长期职业生涯中,个人优势的保持与是否有博士学历关系不大,而需要个人自身能长久地体现出与工作相匹配的能力。如博士们所说:

"我觉得博士学位对大的企业可能是一个敲门砖,特别是事业单位,它需要你的学历和职称条件,对它申请一些奖励比较重要,对我们私企来说,当然有作用,但是作用并不那么明显,还是看个人能力的。"(J)

"也许在你入职的那一刻,博士学位可能是大家比较关注的,但是在职场的每一天工作里,其实大家并不认为博士有特别的优势。"(H)

"我们是一个研发类型的企业,对于学历资质方面还是要求挺高的……不过,在这边还是以你的工作能力和工作表现作为评价标准,但是入职对学历还是

有一点要求的。"(F)

第三,博士因其在专业方面具有优势,能帮助企业获取客户的信任。促使客户对博士所在企业销售产品的质量感到有保障。

"博士在单位还是比较受尊重的,然后客户也比较相信你,毕竟你有这个经历……你们这个团队的人学历比较高啊,硕士啊博士啊,然后再都是一些比较名牌大学的,这就是第一步的信任基础。"(J)

3. 丰富的科研经历对工作有益

博士最显著的经历就是拥有丰富的科研训练,这成为博士和学士、硕士学位获得者相比最有竞争力的经历。这些科研经历是帮助博士连接学生状态和工作的重要桥梁,主要体现在三个方面,按提及频次依次是:

博士期间的科研经历与工作岗位有联系时,对博士适应工作和展开工作有帮助。例如:

"从科研上来讲,因为博士可以把在学校里从事的科研经历带到现在工作之中,可以把在学校学习的经验直接带到企业来,由于博士招聘比较专,专业对口,好多可以现学现用。"(X)

博士期间专业活动多而广,对工作有实质帮助。例如:

"因为我在博士期间参加国际会议比较多,形成了合作和交流,所以不会害怕和这些接触,然后会议流程这些方面也比较清楚。"(R)

博士期间接触的工程项目经验多,对帮助博士适应企业工作、转变企业员工角色有较大帮助。例如:

"我博士的时候,因为搞理论少一点,搞工程多,有一部分工程经验,来了之后上手快一点。"(S)

4. 积累的人脉与资源可为企业所用

经过博士生教育的经历,博士不仅个人能力得到增强,积累的技术和人脉关系也对企业工作有帮助。

博士将读博期间接触的前沿知识和技术运用到日常工作中,能为企业注入新思维和新想法。例如:

"我认为博士确实是在学校比硕士多呆几年吧,至少有四年,或者四年以上。在这期间,接触的范围比较广,接触的技术比较新,所以说一旦来了企业之后,可能会注入一些新鲜的血液,一些新鲜的想法,这是他的独特之处。"(Z)

在博士教育期间积累的各项关系,包括博士同学、导师,以及通过项目积累的企业人脉关系,都成为日后对工作有益的宝贵财富。举例来说:

"部分博士人脉资源也挺广,在博士期间做科研的时候会接触很多企业科研单位啊,会有一部分人脉。比如像我们以前课题组,会和其他科研所交流,毕业后把这些带到科研岗位上,可以为新的单位所借鉴。"(X)

"博士的同学在发展这方面比较有优势,我的博士同学们,他们现在所在单位也比较重视他们。而且,他们相对也发展不错,所以再去交流,包括去市场开拓的时候,更容易介绍和引进嘛。"(P)

(六) 工作经历

表 4-7 呈现了影响企业就职博士职业成功的工作经历,包括三方面:具备工作经验、工作表现突出、为企业直接创造收益。三方面关系层层递进,首先只有具备大量工作经验,才可能在此基础上有突出的工作表现,在所有突出的工作表现中,只有部分能直接转化为企业受益。

表 4-7　工　作　经　历

主　　　题	描　　　　　述	频次
具备工作经验	拥有丰富工程经验和职场经历,熟悉掌握各项业务。	12
工作表现突出	与他人相比,创造了突出的工作业绩。	9
为企业直接创造收益	为企业直接带来经济利益。	9

1. 具备工作经验

具备工作经验是被提及最多的工作经历(12),这是因为要获得管理岗位的晋升,必须了解和熟悉技术岗位的工作,具备相应职场经验(包括工程设计的经验)。提及职场经验的重要性,有博士如是说:

"在学校里面学的理论确实是非常重要。但是,其实在你真正做工程工作的时候,因为那些开发工作其实已经完成了,你最大的作用和工作,是用已有的产品来做你的设计,那这个时候,其实工程经验反而是更重要的。"(O)

"工作经验和市场的这种资历,应该说和博士学历比起来是等量齐观的,甚至说,拥有在职场里面的这种工作资历可能比博士学历,某种程度上可能还有更

多的优势。"（H）

博士认为具备职场经验与晋升有着密不可分的关系，甚至比博士学历的重要性更大。这与之前的研究发现一致，许多雇主都更加偏爱工作经验（McCarthy & Simm，2006；Raddon & Sung，2009）。如 H 强调的：

"即便是博士，如果你的职场经验很短的话，如果你不是有相关的经验，你很难去说服领导来给你这样一个重任，这样一个机会。即便是本科毕业，如果他在职场里面工作时间更长，对职场具体工作内容会比你更了解，那么领导完全有更多理由相信，他可以胜任。而一个博士毕业的人由于对工作不了解，领导未必能够马上就确信他能马上胜任。"

2. 工作表现突出

工作表现突出，是指对工作业务烂熟于心，有突出的工作成绩。如博士们所说：

"我们这边有很多本科生、硕士生工作表现都很突出，很优秀，因为不像在学校里面，可以漫无边际地去研究一些东西，这边是有一个既定的方向，如果你对这个东西吃得很透，理解很深刻的话，不会因为学历差异而有太大的改变。因为大家做的都是同一样东西……哪怕你是一个本科生，你把这个吃得很透的话，一年以后也会有一个突出的贡献，跟学历就没有太大的关系了。"（F）

"我们组有一个做结构方面的博士，在整个所里小有名气，相当于一个人把这个组给撑了起来，大家对他也非常地敬重，他在这个领域基本算是专家。因为我们整个单位只有他这一个组在做这个东西，只要涉及相关内容，都会邀请他来参加，作为专家来参评，总之他还是贡献挺大的。"（X）

3. 为企业直接创造收益

为企业直接创造受益，是指做出能直接转化为企业收益的行为。企业的最终目的是盈利，如果能为企业创造巨大的收益，就体现了自身对企业的重要价值。如博士所说：

"我从 2011 年到现在，是承担了十几个项目的项目责任人，达几千万经费，这一方面给所里带来巨大贡献。"（P）

"我们在做一个很重要的产品开发的时候，碰到了一个问题，我把它反推出来了，然后用到我们的产品上面，发现效果非常好，使得这个工作突破了，然后这个产品推向市场之后，当时市场占有率是国内同行产品第一，这一点我觉得比较骄傲吧。"（H）

(七) 背景因素

受访理工科博士提及的对职业发展有影响的背景因素,包括组织环境和主观心理环境两个方面,编码结果具体如表 4-8 所示。

表 4-8　背　景　因　素

主题	子主题	描述	频次
组织环境	晋升空间和机遇	在企业中的上升空间与机遇。	12
	制度政策	对博士晋升有影响作用的制度与政策。	11
	工作负担	超出职能之外的工作。	2
主观心理环境	主动融入	主动适应和融入所处职场的环境。	12
	感到不适应	当组织环境与自身预期不符时感到不适应。	7

1. 组织环境

组织环境是博士所在职场环境中存在的客观条件。受访博士提及的组织环境包括三个方面:晋升空间和机遇、制度政策、工作负担。

晋升空间和机遇,是博士在企业中的上升空间与机遇。博士所在企业是否有上升空间,受单位体制的影响。一些博士提及在国企事业单位,论资排辈现象不可避免;而在外企和私企,由于扁平化管理,上升空间也有限。

博士的晋升又和机遇有关系。例如:

"有时候也是机遇巧合……因为我们有国家重点实验室嘛,就是大部分的博士是在国家重点实验室的框架下负责一两个研发项目。我是在事业部里面,就是既能搞研发,又能搞型号项目,所以就是比较机缘巧合(有很多机会展现自己)。"(P)

"在我们部门的话,机会还是比较好的,我们部门有一些韩国人、日本人,刚成立这个部门的时候很缺人,从以前韩国日本那边带过来的,他们现在是中层领导的话,他们合同期满之后,很多人要走的,对中国员工来讲,在我们部门里面,机会还是蛮多的。其他的外企,机会不会这么明显。"(B)

制度政策,是指对博士晋升有影响作用的制度与政策。受访者提及,组织的晋升制度、激励政策和用人制度对博士职业和企业发展都有重要影响。

企业中有明确的技术职称或技术职务评定政策,为博士的技术类晋升提供了可见的梯子。在职称评定上,博士学历者比本科硕士的起点高。由于博士一般在专业技术岗位上,需要写论文、申请课题,在后期职称评定方面也具有一定优势。专业技术职务的晋升情况,因各单位部门和岗位设置有所不同。有的国企遵循从一般员工、副主任设计师、主管设计师到主任设计师的技术岗位晋升路线。有的外企遵循从研究员到技术总监再到首席科学家的升级制度。

外企就职博士提到,激励政策影响着博士未来的职业规划,例如:

"外企的话,2—3年以后,吸引力可能不是特别大。外企毕竟是,各方面流程管理都已经很成熟了,所以不像私企那样,对个人有一个好的激励制度。像我们单位,有一个,其实大家还蛮看好的,工作经验也有好几年了,他如果离职的话,之前没有想过他会离职,因为他其实发展得也蛮好的,也挺快的,但是外企它没有相应的激励制度,包括薪水、其他的一些福利,外企比较多地是依赖流程管理,它的流程管理对人的依赖性没有那么强,我觉得他可能是因为这个因素(离职),激励制度方面是很差的。"(B)

国企就职博士提及企业对博士人才的定位和使用、博士员工的培养制度,不仅直接关系到博士个人职业发展,对企业和产业长期发展也有深远影响。例如:

"怎么使用博士,大部分单位并不明确,但这个问题很基础,很关键。企业引入博士,第一,是因为领导或者是企业的心态,为了完成引人指标;第二,是为了完成某项事情,仅仅是为了完成某项事情,并没有长久的规划,不知道如何使用博士,更有甚者是为了增加某一些工作的人手引入博士。"(Y)

"企业对博士还有过度使用的问题,认为这个博士来了之后,任何事情都应该干。没错,他应该挑起某一个方向发展的重任。但是一件事情的发展,尤其这种商业竞争时代,在技术发展领域,至少是一个团队来做。博士应该是在某一团队里头当带头或者先锋的作用,要辅以相应的人员。这个技术领域是各种技术的一个交叉,(一个人)很难在这个技术领域上完全地覆盖。其次从企业实际工作角度来说,技术也只是其中重要一环,(博士)还要负担很多其他的工作。在这种情况下,完全只靠一个人……"(Y)

工作负担,是企业为了改善管理模式和发展更多业务,在职能之外给博士研发员工分配的任务。当承担这些工作占用了本职工作时间、影响个人能力提升时,员工就会感到负担重重。例如:

"我们一方面做研发,另一方面也会做一些技术的支持,对他们市场推广起一些作用。这些工作都是比较琐碎的。就是说,你其实手头上的事情特别多的话也是一种阻碍,因为总归有一些比较杂的乱七八糟的事情,这个时候就会让你很难集中注意力去做想要做的事情,或者是对你的职业晋升更有帮助的事情,但这应该就是每个工作的人都会面临这个问题。"(L)

"管理方面的改革对我们影响很大,我们直观感受就是,负担更重,我个人感觉就是这样的。像我们现在搞绩效管理,实施以后就会写很多文件嘛,写很多东西,原来没有这么多工作量,管理一提升,就出台很多文件,出很多规章制度,设计师怎么着怎么着,工作反而就会更多一些。它初衷可能是让管理更正规,可能是好的,但是实际上到最后执行的时候,我们底下执行的人工作量会增加,好多时候都是这样子的。"(T)

2. 主观心理环境

主观心理环境是博士对所处客观环境的主观解释。受访博士对客观环境的认知解释因人而异,呈现两种类型:主动融入、感到不适应。

主动融入的博士,能够理解客观环境的合理性,认为自己需要与工作要求和企业文化相匹配。例如当工作出现不如意时,有博士认为持续努力终会得到认可:

"企业用人还是非常有它的主导意识,不会说,你感觉你很有能力就……虽然说,你刚出道到单位,你感觉自己是博士,又是这的那的,是吧,反正比别人强一些,但是呢,受到的待遇呢,可能不如那些,工作了三四年的硕士,你心理会有一些不平衡。但是,俗话说,有句话说得好,是金子到哪都会发光的。当你静下心来,好好干的时候,领导或高层,总有一天会看到你闪光的地方,如果你真有能力的话。那个时候,就是你大放光彩的时候。"(S)

有博士认为国企有自身的规则和运作方式,个人应服从单位安排,遵从个人与单位之间缔结的契约,尽量融入所在企业文化,如同 E 博士所说:

"企业的需求,能服从就服从,就是融入到这个机器里面。如果说你是个零件的话,能拿来就把你装进去,然后不需要你会多少,不需要你这个零件自己会动,因为企业它就是个大机器,你这个齿轮放进去,自然会有人驱动你去动。因为企业还是有相关的这个质量保证体系嘛,所以肯定是会把你放到一个大工作里面,自然就会有其他的同事,其他驱动力驱动。所以说,你自己的棱角如果太多的话,那你真的就放不进去,就没法驱动嘛,那机器就被拉断了。因为我们这种企业毕竟和这个私企的性质还是不太一样。说白了,其实就是多你一个不多,少你一个也不少。一千多人呢,一个组里面这七个博士,你就说少你一个,六个照样干,再少一个五个,我们现在五个人累是累一点,但是工作其实还是在,大家可以再招人嘛。但是问题就在于,你能迅速地开展起工作来,对企业是最重要的。说白了就是你自己要把自己适配到企业的这个体系里面去。”

有博士认为外部对博士学历者的期望或质疑给自己提出了更高要求,成为自身寻求进步的动力,例如:

“他(客户)觉得一个博士应该什么都懂,而且他要显示他的一个比较高的姿态,他会提出一些很刁钻的问题,或者他平时碰到一些很难解决的问题给你。这个负面的作用,其实也是个动力,也是逼着你不停地学一些各种现实当中碰到的问题。”(J)

感到不适应的博士,在遇到工作内容、工作氛围与个人预期不匹配时,更多地感受到职业发展受阻带来的压力。例如,企业通常更加注重实现短期利益,如何在个人研究兴趣和企业需求之间找到平衡,困扰着很多博士,有博士认为自己的工作方式始终得不到企业认可,如同 C 所说:

“我的方法是,也许一件事没找到方法,但是我把这个原理分析透,大家知道这个原因了,可以自己去分析嘛。但是,公司就特别希望,你给出方法和一些可操作性的东西,就比如说一个东西 1、2、3,大家按照这个去操作,傻瓜式地去操作,其实很多东西,我觉得搞明白了讲出来我觉得很有用,但是很多时候可能倒不一定是这样,或者旁边周围员工没这个习惯,你给他讲个原因他可能不在乎,他只要你讲个结果和方法,然后照你这个方法能够去做就行了。就有时候,你觉得做贡献很大、很有价值一东西(自嘲地笑),但拿出来分享,效果倒不一定和你想象中的一样。如果你搞一个太理论的东西,公司其实不是很在乎,和生产和实践结合更紧密,能够马上指导你的产品,它会对这个方面的东西比较在意。虽然大公司可能会投入一部分精力做研究,但可能太长期的、中长期的东西它不是很感兴趣,还是短期内能马上见效果的,它会更在意一些。”

面对发展阻碍,有博士更倾向认为企业需要在人才定位和培养上做出改变:

“有的时候个人和单位协调发展绝对是一个非常重要的事情,一个单位不可能保证所有人都协调了,但是我觉得,对人才培养的这个转变也是需要的,你要保证,你所需要的人或者核心人员的系统发展。如果他找不到合适的一个发展的方向,从生存的角度,他肯定会向外走,争取他更好的一个发展空间。眼睁睁地看着人员损失,其实是令人痛心的。特别是在 X 行业,国家一直扶持,它在整个产业体系里头扮演着非常重要的角色。但其实它自身的危机也在酝酿,那这种情况下,让人才流失,是非常不好的。虽然有非常强大的惯性驱使,让这个企业在运行的时候还有一时的一些优势,但最终的话可能会给企业和个人都带来不好的影响。"(W)

有博士认为外部对博士学历者的期望会对博士的职业形成反作用,例如:

"企业对他的期望值越大,越花大力气把他请过来或挖过来,可能给他心理上的压力也就越大,他想尽快地去表现自己,表现出来。"(U)

"我觉得学位在企业的工作当中,在之后的工作当中也是,不会起到太大的作用。有时候反而会有一些反作用。和你同时进来的硕士,他如果有什么地方做的不太对,管理者会直接和他说,就相当于是有一个培训,但如果你是一个博士,一个是期望比较高,犯了和那个硕士差不多的(问题),管理者不希望去直接说你,他会比较希望,给你一段时间,看看你是不是反应得过来,希望你自我调整强一些。"(B)

(八) 自我效能感

表 4-9 呈现了自我效能感这一影响因素的编码结果。

表 4-9　自 我 效 能 感

主题	子主题	描　述	频次
过往经历	出色的工作经历	由于拥有出色的工作表现而对从事工作的能力感到非常有自信。	11
	博士学位的训练	经过博士训练使得能力变强,因而对自身从事好当前工作的能力有信心。	11
	受挫的工作经历	之前受挫的晋升经历使得对未来晋升信心不足。	2
消极的心理状态		由于在工作中有消极的情绪因而对能力的发挥感到不自信。	3
观察学习		通过对榜样的观察,认为自己也同样可以做到。	2

1. 过往经历

博士通过在日常工作中表现出色而产生成就感,对自己从事工作的能力感到非常有自信。例如,U 在艰苦的条件下,带领团队突破了技术难题,R 强调与他人相比自己擅于解决难题,工作效率比他人高。这些经历使得他们相信有能力和实力获得晋升。还有博士提及入职培训会使个人能力得到很大提升,并相信自己有能力实现更好的职业发展,如 O 所说:

"当时给我配备了最好的师傅。一年之后,就基本上该学的都学得差不多了,基本的工作都可以胜任了。那一年真的被他用得……就是累得要命。但是第一年相当于是给我安排了最好的老师,给我很多重要的练习去做,把我的基础打牢了。也就是说,我比别人成长得快,所以我觉得第一年的苦还是值得了。没有他,也许我和其他普通员工一样没有那么大的进步,也不会目前,还负责国内那个 X 项目。如果未来不转行,一直干下去的话,晋升方面基本上做到经理这边也到头了,未来两年也是有希望的。"

还有博士的自我效能感建立在博士学位训练的基础上。当收获更多技能后,博士对做好当前工作的能力充满信心。例如,R 认为,他所接受的博士生训练使自己比其他人更熟悉当前所从事的工作,有能力和信心做好工作中的会议组织工作。

2. 消极的心理状态

由消极的心理状态引起的自我效能感,是指由于在工作中有消极的情绪,对自己实现职业发展的能力感到不自信。例如:

"你工作方法不对的话,你的能力很难发挥到最好,其实很多东西倒不是我说的那么悲观,可能这样有点小牢骚,但我觉得,有时候你很用心做一件事但结果并不是那么好,有时候会觉得有一些不适应。"(C)

"我个人感觉我们这个环境相对要封闭一些,人际关系也比较简单,跟这个社会交集也比较少。因为我们从事的这个东西啊有保密的性质,不会去跟社会交流特别多。时间长了就觉得,晋升也不好晋升,另外工作也比较忙碌,生活就会变得非常的枯燥,就会觉得越来越没有意思。"(T)

3. 观察学习

观察学习引起的自我效能感,是指通过观察其他同事、校友出色的表现,认为自己也具备同样的潜能,因而对自己胜任工作感到有信心。例如:

"你要把时间合理安排好的话,其实是可以有时间的。例如我们同事,一个人,现在可能同时担负着几个创新的项目,这个都是自己挤时间来做的,这个没有什么问题,和自己的工作也不冲突。"(Z)

(九) 结果期待

表4-10呈现了影响企业就职博士职业成功的认知因素——结果期待的编码情况。结果期待是指对未来晋升结果的预期。博士的回答分为两方面:效能预期和效果预期。

表4-10　结果期待

主题	子主题	描述	频次
效能预期	个人能力与努力	基于丰富的职场经验、主动持续的努力和不可替代的专长,对自己能否晋升做出判断。	17
	晋升空间和机会	基于机会、单位本身的晋升空间对自身能否晋升做出判断。	9
	领导指引和认可	认为自身的晋升取决于领导是否提携和认可。	8
结果预期	工作平台的层次	基于工作平台是否能符合自己的内在需求和发展愿景而做出晋升、跳槽的选择。	12
	工作环境的舒适度	基于薪水、工作地点、工作压力等方面去考虑是否要晋升,包括跳槽到更好的单位。	4

1. 效能预期

博士的效能预期是对自己能否晋升的认知,他们的判断基于三方面因素:个人能力与努力(17),晋升空间和机会(9),领导认可和提拔(8)。通过个人能力与努力对职业发展的可能做出的判断,是基于是否拥有丰富技术积累与工作经验、是否主动持续地努力、是否拥有不可替代的专长,对自身能否晋升形成认识。例如:

"我们不可能脱离技术去谈晋升。你开发的产品越来越多的话,然后甚至自己都能(开发)一套分系统子系统的话,那你可以继续往上走。(现在)相当于为接下来做准备,还是先把手头这些工作做好,同时结合公司的发展业务,开发一些产品,把这个业务做大,所以公司发展了个人才能发展。"(W)

"职业发展最根本的东西就是个人能力的提升,一定是能力提升上去了,职业才会有发展。"(L)

基于晋升空间和机会的判断,是指个人基于机遇、单位本身的晋升空间对自身能否晋升做出判断。例如:

"还是需要一定的机遇,很简单,假设上面没有一定的空位,你就上不去。"(X)

"想法肯定是有的,但是也要看机会。"(L)

基于领导认可和提拔对职业发展可能做判断,是指博士认为能否晋升取决于领导的指引、提携和认可。如博士们所说:

"职务的话,需要你得到领导的认可,提拔你。"(S)

"领导对你的能力认可的话,那你的晋升希望就比其他人大得多。"(X)

"需要导师的指点,或者是需要某些人的搀扶,或者是伯乐的指引,才能落实,慢慢地理解。如果纯靠自己领悟和开窍的话,这种成才率是很低的,我感觉。"(Y)

在博士看来,个人能力和努力与领导认可,是相互关联、不可分割的两个重要方面。有的博士甚至认为,即使自身能力很强,但是如果领导不愿意给员工更多机会去实现价值,也无缘晋升。但是,得到领导认可的前提是:个人持续努力获得专长和职场经验,并取得突出业绩。例如:

"你如果说不去寻找机会,你如何去证明你的能力,然后又如何让领导在提拔你跟提拔别人之间做出抉择。"(Q)

"比方说如果在公司里面做产品开发,如果有在某一些比较重要的领域,有一个明显的突破的话,这个时候就会得到领导的重视,然后就可能会提高自己的这种可见度吧。"(H)

2. 结果预期

博士的结果预期是对晋升后结果的预期,主要从两方面考虑:工作平台的层次(12),工作环境舒适度(4)。

博士会基于工作平台是否符合自己的内在需求和发展愿景而做出晋升或跳槽的选择。例如:

"我希望自己获得一个更好的发展,因为人只有不安于现状,才可能有发展⋯⋯我虽然获得晋升了,但是我觉得我应该有更好的舞台。"(H)

"因为你要是做纯管理的话,你就会觉得自己学的东西有点浪费了。做技术的话,因为你有技术的话,你就算现在不在这个单位干了,你还是可以继续去别

的单位干下去。你要做管理的话就可能一直在这呆着。"(T)

L 想跳槽到更好的平台,原因如她自己所说:"工作当中,周围人的上进心可能没有很高,更多的还是倾向于把这些工作做好,就满足了。"

D 博士认为企业并没有给博士提供施展平台,"企业表面上很尊重(博士),但是有时他们还不具备条件,就像我原来所在的那个公司,本来它有新的项目需要博士,所以招人,后来(没有新项目了)他就没办法了,就把我放到工程监理这个岗位上去,它不得不这样做,它没有提供你施展的平台和条件。"

P 博士认为晋升后才能更好展现能力和发挥作用,如他自己所说:"因为一个小的部门,很难把你的长处发挥出来的时候,这就是因为经常说的屁股决定脑袋,你要是能力非常强,它会限制你的发展。另外一个是甚至你本来想做更大的贡献也做不了,因为你在这个岗位上,你所接触的人就是这个层面的。你想接触更高层面的人,拉更大的项目,很难,因为你的资源配置就在你这一亩三分地,你很难调配更大的资源。"

博士还会基于工作环境舒适度(如薪水、工作地点、工作压力等)考虑是否要晋升,包括跳槽到更好的单位。例如:

W 通过对自己领导的观察发现,如果晋升,一定会有更多的工作任务和更多的加班,结合家庭的情况,他对自己当下工作状态感到满足,目前并没有晋升的计划。用 Q 的例子来说明:

"国企虽然说待遇水平不是特别有竞争力,但是它的工作压力也会比较小。所以这边有人说你要去综合地去看。第二方面,公司的工作地点还比较好,在内环里面,工作地点(离家)也比较近。如果说你要跳槽的话,去了互联网公司或者外资公司,可能要去张江高科那边。"

博士对职业发展的效果预期反映了多样化的职业动机,包括奖励(金钱和声望)、伴随物(良好社会关系和环境条件)和内在满意度(在完成活动和特定目标时的愉悦感)三大类(Ginzberg et al.,1951)。

第三节　小　　结

根据社会认知职业理论的理论框架,本章定性研究发现对企业就职博士职业成功有影响作用的八项因素分别是:个人特质、能力、社会网络、博士生教育经历、工作经历、背景因素、自我效能感、结果期待。

身体素质是博士取得职业成功的首要前提。在能力方面，企业就职博士既需要掌握与核心工作任务密切相关的项目能力，也需要具备处理日常工作事务的一般能力。社会网络被看成是与能力同等重要的因素，包括包含老师同学、家人朋友、客户、同行的组织外社会网络，也包括包含领导、同事的组织内社会网络。

丰富的工作经验、突出的工作表现、为企业直接创造收益构成了晋升必备的工作经历。通过博士生教育收获的科研经历和人脉资源，帮助博士受到企业重视。但博士生教育重在培养科研能力，对适用于广泛情境的一般性能力的关注和培养相对少。晋升空间和机遇、制度政策等背景因素影响博士的职业成功。面对客观环境，博士的认知解释方式呈现主动融入和不适应两种类型。

博士从过往成就、心理状态、观察学习中形成自我效能感，促进或阻碍职业成功。博士同时根据内外部因素，包括个人能力和努力程度、领导是否认可、是否有晋升空间，判断未来晋升的可能性。在预期未来职业发展时，博士不仅关注工作平台，还会考虑环境的舒适度。

第五章
理工科博士非学术职业成功与博士生教育改革

　　定量数据有助于明晰能力、社会网络对职业成功的影响程度,定性数据对企业就职博士职业成功影响因素进行了丰富的描绘,综合两类数据进一步分析:① 对定性研究数据进行量化,根据受访者的满意度、晋升次数数据,将受访博士分成四组,分组比较博士在八项影响因素上认识的差异;② 将定量研究结果与定性研究结果中都涉及主题,进行比较分析。综合定量和定性数据分析两个问题:一是博士个体如何为非学术职业成功做准备,二是博士生培养如何为非学术职业成功做准备。

第一节　博士个体如何为非学术职业成功做准备

(一) 比较不同类型博士对职业成功影响因素的认识

　　分别计算未晋升不满意组($N=4$),未晋升满意组($N=7$),晋升不满意组($N=3$),晋升满意组($N=5$)四组样本提及每个子主题的次数占所有被提及子主题次数的比例。

　　表5-1呈现了四组博士关于个人特质的看法。从表可见,他们都提及了个人特质在职业发展中的重要作用。晋升不满意组博士没有提及身体素质方面的作用。

表5-1 不同类型博士对个人特质的认识   （％）

	未晋升/不满意组 （N=4）	未晋升/满意组 （N=7）	晋升/不满意组 （N=3）	晋升/满意组 （N=5）
年　龄	66.67	50.00	100.00	83.33
身体素质	33.33	50.00	/	16.67
合　计	100.00	100.00	100.00	100.00

表5-2呈现了四组博士关于能力对职业发展作用的看法。以每项能力被提及次数占该组样本提及所有能力次数的比例（即表格中的列百分比）达到10％为界限，试图查看每组博士所重视的关键能力。从表可见，四组博士重视的能力各有侧重。其中，晋升满意组博士更重视良好品格与工作态度、人际交往能力，说明这两项能力对提高晋升次数和工作满意度有重要作用。

表5-2 不同类型博士对能力的认识   （％）

	未晋升/ 不满意组 （N=4）	未晋升/ 满意组 （N=7）	晋升/ 不满意组 （N=3）	晋升/ 满意组 （N=5）
项目能力				
团队管理与协调能力	**10.35**	9.26	**19.52**	8.93
单位上下	3.45	3.70	7.32	/
团队内部	6.90	5.56	12.20	8.93
技术实力	6.90	9.26	9.76	8.93
创新能力	6.90	9.26	7.32	7.14
判断和把握发展方向	**10.34**	5.56	4.88	8.93
满足市场和开拓市场的能力	3.45	9.26	7.32	7.14
解决有难度问题的能力	**10.34**	/	7.32	7.14
领导能力	3.45	3.70	4.88	3.57
项目管理能力	3.45	1.85	2.44	3.57
一般能力				
人际交往能力	**13.79**	7.41	**12.20**	10.71
良好品格与工作态度	6.90	**11.11**	4.88	**12.50**
沟通交流能力	**13.79**	7.41	4.88	8.93

续　表

	未晋升/ 不满意组 （N=4）	未晋升/ 满意组 （N=7）	晋升/ 不满意组 （N=3）	晋升/ 满意组 （N=5）
时间管理能力	3.45	**12.96**	4.88	7.14
持续学习能力	3.45	7.41	9.76	1.79
商务能力	3.45	5.56	/	3.57
合计	100.00	100.00	100.00	100.00

表 5-3 呈现了四组博士关于社会网络对职业发展作用的看法。从表可见，四组博士都同时拥有组织外和组织内社会网络。晋升满意组博士社会网络类型最为丰富，对领导的依赖性也没有像另外三组那么大。相比满意组博士，不满意的两组博士更频繁地提及领导对职业发展重要性。

表 5-3　不同类型博士对社会网络的认识　　　　　　　　　　　　（％）

	未晋升/ 不满意组 （N=4）	未晋升/ 满意组 （N=7）	晋升/ 不满意组 （N=3）	晋升/ 满意组 （N=5）
组织外				
老师同学	30.00	28.57	20.00	30.00
家人朋友	10.00	14.29	/	15.00
客户关系	/	7.14	/	15.00
国内外同行	10.00	/	/	10.00
组织内				
领导	40.00	35.71	60.00	25.00
同事	10.00	14.29	20.00	5.00
合计	100.00	100.00	100.00	100.00

表 5-4 呈现了四组博士关于博士生教育经历对职业发展作用的看法。从表可见，四组博士对博士生教育对工作的重要性持有不同看法。相比其他三组，晋升满意组博士重视的一般能力最广泛。相比未晋升组，晋升过的博士认为博士生教育培养的写作能力对工作有重要作用。

表 5 - 4 　不同类型博士对博士生教育经历的认识 　　　　　　　　（%）

	未晋升/不满意组（N=4）	未晋升/满意组（N=7）	晋升/不满意组（N=3）	晋升/满意组（N=5）
培养了工作需要的能力和品格				
科研能力				
创新能力	11.54	5.88	11.11	9.30
写作能力	/	5.88	22.22	11.63
基本研究技能	3.85	11.76	5.56	6.98
解决复杂问题能力强	7.69	5.88	16.67	2.33
调研分析能力	15.38	/	5.56	4.65
知识面深而广	3.85	2.94	5.56	9.30
逻辑思维方式	7.69	2.94	5.56	4.65
独立科研能力	3.85	5.88	/	4.65
一般能力				
良好品格和工作态度	7.69	11.76	/	6.98
持续学习能力	/	2.94	11.11	9.30
对他人辅导	7.69	/	/	6.98
团队合作与协调能力	3.85	2.94	/	2.33
沟通表达能力	3.85	/	/	2.33
学位受到企业重视和客户信任				
受企业重视	11.54	2.94	/	4.65
是入职的敲门砖	3.85	5.88	5.56	/
受客户信任	/	5.88	/	/
丰富的科研经历对工作有益				
研究内容和工作有联系	3.85	8.82	/	2.33
接触东西多而广	/	5.88	/	6.98
工程项目经验多	3.85	/	5.56	/
积累的人脉与资源可以为企业所用				
新技术	/	8.82	5.56	2.33
人脉关系	/	2.94	/	2.33
合计	100	100	100	100

　　表5-5呈现了四组博士关于工作经历对职业发展作用的看法。从表可见，四组博士都同时重视具备工作经验、工作表现突出、为企业创造收益这三种工作经历。相比另外三组更加重视具备工作经验，晋升满意组博士更加注重有突出的工作表现。

表5-5　不同类型博士对工作经历的认识　　　　　　　（%）

	未晋升/不满意组（N=4）	未晋升/满意组（N=7）	晋升/不满意组（N=3）	晋升/满意组（N=5）
具备工作经验	50.00	45.45	37.50	28.57
工作表现突出	25.00	27.27	25.00	42.86
为企业创造收益	25.00	27.27	37.50	28.57
合计	100.00	100.00	100.00	100.00

　　表5-6呈现了四组博士关于背景因素对职业发展作用的看法。从表可见，满意组博士更多地认为自己需要与工作要求相匹配，主动融入企业文化。不满意组博士认为工作有负担，更多地对工作内容和工作氛围感到不适应。

表5-6　不同类型博士对背景因素的认识　　　　　　　（%）

	未晋升/不满意组（N=4）	未晋升/满意组（N=7）	晋升/不满意组（N=3）	晋升/满意组（N=5）
组织环境				
制度政策	33.33	23.08	25.00	23.08
晋升空间和机遇	20.00	23.08	25.00	38.46
工作负担	6.67	/	25.00	/
主观心理环境				
主动融入	20.00	38.46	/	30.77
感到不适应	20.00	15.38	25.00	7.69
合计	100.00	100.00	100.00	100.00

　　表5-7呈现了四组博士自我效能感来源的异同。从表可见，更多在出色工作经历和博士学位训练基础上建立起自我效能感的博士，晋升多，工作满意度

高。不满意的两组博士都因为有工作的消极情绪和受挫的晋升经历,对未来职业发展感到信心不足。

表5-7　不同类型博士的自我效能感　　　　　　　　　　　　　　(%)

	未晋升/ 不满意组 (N=4)	未晋升/ 满意组 (N=7)	晋升/ 不满意组 (N=3)	晋升/ 满意组 (N=5)
过往成就				
出色的工作经历	/	40.00	40.00	50.00
博士学位的训练	25.00	40.00	20.00	50.00
受挫的晋升经历	25.00	/	20.00	/
消极的心理状态	50.00	/	20.00	/
观察学习	/	20.00	/	/
合计	100.00	100.00	100.00	100.00

表5-8呈现了四组博士结果预期的异同。在判断职业发展可能性时,晋升过的博士更多从个人条件和社会网络来判断,如是否拥有丰富职场经验和领导认可;未晋升过博士更多从组织环境做判断,如是否有晋升空间和机会。通常,"外控型"的个体会认为自己无法控制环境,将成败归因于他人的影响或运气等外在因素,相对不愿意承担责任(Rotter,1966)。博士如果将发展更多归因于外部环境,可能会更少关注自身在能力方面的可提升空间。

在考虑职业发展结果时,工作满意感相对高的博士,更多考虑到工作环境舒适度;晋升少、工作满意度低的博士,更多考虑工作平台是否满足个人发展。

表5-8　不同类型博士的结果期待　　　　　　　　　　　　　　(%)

	未晋升/ 不满意组 (N=4)	未晋升/ 满意组 (N=7)	晋升/ 不满意组 (N=3)	晋升/ 满意组 (N=5)
效能预期				
个人能力与努力	30.76	14.28	45.45	50.00
不可替代的专长	7.69	/	/	8.33
主动持续的努力	15.38	7.14	9.09	16.67

	未晋升/ 不满意组 ($N=4$)	未晋升/ 满意组 ($N=7$)	晋升/ 不满意组 ($N=3$)	晋升/ 满意组 ($N=5$)
丰富的职场经验	7.69	7.14	36.36	25.00
晋升空间和机会	15.38	42.86	/	8.33
领导指引和认可	7.69	14.29	27.27	16.67
结果预期				
工作平台的层次	46.15	21.43	18.18	8.33
环境的舒适度	/	7.14	9.09	16.67
合计	100.00	100.00	100.00	100.00

（二）分析不同类型博士对职业成功影响因素的认识

结合上述关于四组博士对各项影响因素认识异同的分析,分析每组博士职业成功影响因素的特点。

1. 晋升满意组博士职业成功影响因素的特点

晋升满意组是在当前单位有过晋升经历,并对工作感到满意的博士,他们取得职业成功的关键因素可为其他博士参考借鉴。

这组博士包括 W、S、P、U 和 R 五人,都在国企单位工作。W 工作四年多,S 工作一年多,两人都经过一次晋升,现为研发岗位上的基层管理人员。P 和 U 工作都有五年以上,现担任部门负责人,是企业中层管理人员。R 工作近三年,经过一次提升成为董事长助理。

他们重视勤劳、肯干、认真的品格与工作态度,强调人际交往能力,注意避免单打独斗、闷头干而引起效率低下。他们拥有最丰富的社会网络,提及次数最多的社会网络是老师同学,W、R、U 都在工作后与博士导师一起申请课题和进行项目合作,P 重视与博士同学保持工作关系,对自己市场开拓工作帮助很大。并且,他们还注重维护与客户、同行之间的关系。

他们认为博士生教育对工作的帮助体现在,所培养的写作能力,让他们在无论是写公文还是撰写课题报告的工作时,都感到颇有优势。他们认为,具有不可替代专长、有个人影响力等突出的工作表现,对职业有很大帮助。

由于在国企工作,该组博士感受到论资排辈以及繁琐的流程不可避免,力图结合个人发展需求与企业的发展宗旨,寻求两者的平衡点,克服冲突,主动融入企业环境。

他们的自我效能感主要来自出色工作经历和博士学位的训练。由于在博士生教育期间深入参与过工程课题,与外部单位有过合作经历,因此帮助他们在面对以工程问题为主导的工作时有较好自我效能感。他们更多地从是否拥有丰富的职场经验判断未来晋升的可能性;多从工作环境的舒适度预期未来职业结果。

2. 晋升不满意组博士职业成功影响因素的特点

晋升不满意组的博士是在当前单位有过晋升经历、但却对工作感到不满意的博士。将这组博士与晋升满意组比较,可以查看同是晋升过的博士,该组博士工作不满意的原因有哪些。

晋升不满意组的博士有 T、H 和 Q,T 在国企的研发岗位工作近三年,H 在一家外企已经工作近六年时间,现担任主管工程师,T 和 H 都是基层管理人员。Q 在一家咨询类国企工作近八年,现担任部门技术工作负责人,是中层管理人员。在进入当前单位之前,他们都没有过其他工作经历。

四组博士中,他们最为重视团队管理与协调能力。此外,他们还强调人际交往能力的重要性。四组博士中,他们最为强调领导的作用,但缺少组织外社会网络的支持。如果他们能更加重视家人朋友、客户关系、国内外同行对职业的作用,通过家人朋友疏解工作压力,通过与同行、客户的社交化解工作难题,可能会提升工作满意度。

这组博士认为博士生教育培养的写作能力、解决复杂问题能力对工作十分有用。在四组博士中,他们最为强调为企业直接创造收益的重要性。但当个人创造效益很大却没有得到符合预期的回报时,满意感就会降低。如前所述,晋升满意组博士更倾向认为有突出的工作表现是最重要的。一方面,只具备工作经验还不足够,另一方面,企业利益也不全部由直接产生收益的行为组成。因此,在日常工作中有持续的突出表现,可能才是对职业发展最稳定的关键要素,也是企业持续不断进步的源泉。过多追求直接产生收益的行为,会给自己带来较大压力。

在背景因素方面,这组博士认为所在单位环境较为封闭,认为晋升有难度且受到年龄方面隐性规则的限制。面对阻碍环境,这组博士更多地感到不适应。

这组博士中有人因为有过受挫的晋升经历和消极情绪,产生了较低的自我效能感。这组博士主要还是根据是否有职场经验来判断未来晋升可能性。由于他们更多地还是从个人内部因素对晋升进行归因,因而在未来可能会通过实际行动取得更好的职业发展。

3. 未晋升满意组博士职业成功影响因素的特点

未晋升满意组博士是对工作感到满意、但还未被提升过的博士。将这组博士与晋升且满意组博士进行比较,可以找出同样是对工作感到满意的博士,他们还未晋升的原因。

未晋升满意组的博士包括X、Z、E、F、B、J、O,他们进入当前单位的时间不超过三年。X、Z是在国企单位的研发岗位上工作,之前没有其他工作经验。E在一家国企任职工程设计岗位。F是在民营企业的研发岗位上工作,在进入当前单位之前在一家研究院的技术服务岗位工作过。B在外资企业担任系统工程师,曾经在一家私企做过研发工作。J在港资企业市场营销部门做技术支持工作,之前在外企研发中心工作过。O在外资企业市场部门做技术支持工作。

这组博士更加重视有忍耐力、不拖沓、认真、注意细节的品格与工作态度,以及时间管理能力。他们缺少对国内外同行的关注。以晋升满意组博士为参考,他们应更加注重与国内外同行加强联系与合作,有助于开拓更多业务。

博士生教育对他们职业的作用主要体现在培养了基本研究技能、良好品格与工作态度。他们认为,具备工作经验是对职业帮助最大的工作经历。根据对晋升满意组博士的分析得知,如果能在获得经验基础上,持续有突出的工作表现,将有助于展现自我价值和被提升。

面对企业环境,这组博士中,虽然有博士感到不适应,如B认为外部对博士学历者的期望会给职业带来负面作用,但更多的博士选择主动适应的态度与工作要求相匹配,如J认为客户质疑是进步的动力,E和Z都认为可以将个人研究兴趣与企业业务结合起来。

他们的自我效能感主要来自出色工作经历(如自己负责的项目顺利完成)和博士学位训练(研究经历)。也有博士通过观察学习形成自我效能感,如X通过观察成功校友的经历,对自己的职业道路充满信心。为了提高晋升可能性,这组博士应增强观察学习的意识,吸收优秀员工与团队经验,塑造自身工作特长。

这组博士更多地根据不可控的、不稳定的外界因素判断晋升可能性,如是否有晋升空间和机遇。有一人因为当前工作平台无法满足发展需求而有离职意向。以晋升满意组博士为参照,他们可更多地从自身能力方面考虑个人可以提升的途径。

4. 未晋升不满意组博士职业成功影响因素的特点

未晋升不满意的博士都具有三年以上的工作经验,但都未有晋升经历且对工作也感到不满意。分析他们的特点,有助于从不同角度提供参考。

这组博士包括 L、C、Y、D 四人。L 是外企研发岗位的员工,已工作近四年,对当前工作感到不满意,已经有明确跳槽计划。C 是民营企业研发岗位的员工,在当前单位工作七年,一直未晋升过,对工作不满意。Y 目前在一家国企任职研发岗位,错失过一次晋升机会,对工作感到疲倦。D 原在国有企业担任工程监理一职,在读博士前有八年工作经验。在访谈中,他们有一个共同特点是,都认为自身具备的相关专业技术实力没有在工作中充分发挥,在实现个人需求与组织目标之间产生了冲突。

他们重视的关键能力有五项,和另外三组博士相比,较为分散。他们较为强调领导的作用,也与老师同学交谈、家人朋友讨论工作难题,但是却较少提及与客户的关系建立。

他们认为博士生教育对职业的作用主要体现在,所培养的调研分析能力增强了多渠道搜集和分析资料的能力,为提出相应工作方案很有帮助。他们认为工作经验对职业发展有重要作用,提出有意到企业就职的博士应尽早毕业进入职场,并在博士生学习期间为企业职场做更多准备,包括预先了解企业文化和工作情况,深入参与和外部单位有接触的工程项目课题。

在背景因素方面,该组博士中有人感到职能外的工作任务是一种负担。面对企业环境,有博士认为个人需要主动适应企业体制和氛围,也有博士感到不适应,如认为自己的工作方法得不到企业认可,过多的额外工作影响个人发展等。

该组博士中有两人因为受挫的工作经历产生了悲观、疲倦的心态,对长期的职业发展感到信心不足。和其他三组博士相比,这组博士更多地因工作平台无法满足他们的发展需求有离职意向。

第二节 博士生培养如何为非学术职业成功做准备

定量研究对博士在企业的晋升次数和工作满意度分别进行了回归分析,检查了不同特征的社会网络与能力的作用。访谈中,博士也提及了能力、社会网络对职业成功的影响作用。因而,本节针对能力、社会网络两个主题,将定量与定性研究结果进行比较,结果如表 5 - 9 所示。从表中可见,定量结果与定性结果之间不仅有互相验证之处,也有相互补充之处。

表 5 - 9　能力、社会网络对职业成功作用的定量与定性研究结果比较

主题	定 量 结 果		定 性 结 果
	晋升的回归分析结果	满意度的回归分析结果	
能力	能力作用不显著	能力有独立的显著积极作用	受访者提及多种能力对职业成功有影响作用,主要包括项目能力和一般能力两大类。例如包括团队管理与协调能力、技术实力、创新能力等方面的项目能力,包括人际交往能力、沟通交流能力等方面的一般能力。
社会网络	工作信息网密度、社会交往网关系人类型多样性对晋升有积极影响作用	工作信息网关系人年龄异质性、重要决策网强关系比例、社会交往网博士比例有积极影响作用	Q提及在日常工作情境下与单位同事保持好的关系对实际工作有帮助:"运用好部门的资源,还有公司其他部门资源,但是……可能靠公司制度来讲的话,也不太好使,因为其他部门可以不搭理你的,这个时候,你如何去跟其他部门的人在私人之间建立起一个比较好的关系(就很重要),在你有需求的时候,人家其他部门才会去帮助你。" Y认为强关系对自己工作的帮助体现在关键时刻的指点:"朋友和亲戚对于自己的教导……因为很多问题,可能处于一个朋友或亲戚的角度,他可能会说得非常透彻一些,或者切到这个问题的要害……包括这个工作的方式和内容,包括对于这个单位体系的运作方式,这个指点还是很重要的,这些其实是非常关键的"。 受访者提及多种类型的社会网络对职业成功有影响作用,包括博士导师、博士同学、家人朋友、客户关系和国内外同行的组织外网络,也包括领导、团队内部同事和其他部门同事的组织内社会网络。
能力与社会网络的交互作用	社会交往网关系类型多样性和能力的交互作用对晋升有积极影响	工作信息网关系人年龄异质性和能力的交互作用、危机支持网结构洞和能力的交互作用对工	R提及外部单位工作伙伴对职业发展的重要作用:"我为什么会认识 A 呢,因为和他们一起做课题做项目,普通工程师不是做空调嘛,比如我手里很多很多他们没有机会参与到的课题,所以他们专业能力再强也没人知道,也没机会。和他们做课题的时候,有一些数据结果就可以发表文章,或者如果有一些我可以做的,什么单位之间的协调,一些内容数据整理、召开会议等等这些都会让我去做,这样

续　表

主题	定 量 结 果		定 性 结 果
	晋升的回归分析结果	满意度的回归分析结果	
能力与社会网络的交互作用		作满意度有积极影响	就可以做很多事情了。"这说明技术实力和专业素养与外部单位工作伙伴关系联合对职业发展产生积极作用。 L 将普通员工和领导进行比较,"即便你是领导,那你管理的也只是说,如何协调大家把这件事情做好……比如说,我遇到问题需要解决的时候,我知道去找哪些部门去协调,去哪能找到最关键的人,然后能集合这些人把这件事情做好,这就是领导的能力。普通的(员工)可能就是说遇到问题之后就是自己解决,或他去找别人解决的时候,因为沟通方面的能力,让别人不愿意去帮他处理这个问题。"这体现了沟通能力、协调能力、人际交往能力、解决问题能力会与单位内部同事的关系网络联合对职业发展产生积极作用。

（一）博士生教育培养与企业需求之间的差距

已有研究也显示,博士生教育缺乏与工业界联系的问题,对其他领域专业人士的工作缺少帮助(Scott et al., 2004)。本小节的目的是找出我国博士生培养与企业就职博士职业需求之间的落差。

1. 博士生教育培养工作相关能力与企业所需能力的比较

表 5-10 中 A1 列呈现了定性研究中"博士生教育培养的工作相关能力"主题,A2 列呈现了"企业所需能力"主题。

从表 5-10 可见,被 A1 和 A2 主题同时提及的相似能力有六项：创新能力、解决复杂/有难度问题能力、团队管理/合作与协调能力、持续学习能力、沟通表达/交流能力、品格与工作态度。以这六项能力为例,将它们放置在博士生培养和企业工作情境中进行比较发现,它们的内涵既有差异,又有延续。而每一项能力在博士生培养和企业工作情境下的差异,可在一定程度上说明博士生能力培养与企业所需能力之间的差异。

表 5 - 10　博士生培养的工作相关能力和企业所需能力的定性主题比较

A1 博士生教育培养的工作相关能力		A2 企业所需能力		一　致	不一致
能力类型	能　力　条　目	能力类型	能　力　条　目		
科研能力	创新能力	项目能力	团队管理与协调能力	同时被 A1 和 A2 两个主题都提及的相似能力条目有六项:创新能力、解决复杂/有难度问题能力、团队管理/合作与协调能力、持续学习能力、沟通表达/交流能力、品格与工作态度。	被 A2 提及而 A1 未提及的能力条目有八项:技术实力判断和把握发展方向、满足和开拓市场的能力、领导能力、项目管理能力、人际交往能力、时间管理能力、技术实力、商务能力。在一定程度上,这八项能力是博士生教育培养欠缺的方面。
	写作能力		技术实力		
	基本研究技能		创新能力		
	解决复杂问题能力		判断和把握发展方向		
	调研分析能力		满足和开拓市场的能力		
	知识面深而广		解决有难度问题的能力		
	逻辑思维能力		领导能力		
	独立科研能力		项目管理能力		
一般能力	品格和工作态度	一般能力	人际交往能力		
	持续学习能力		品格和工作态度		
	对他人辅导		沟通交流能力		
	团队合作与协调能力		时间管理能力		
	沟通表达能力		持续学习能力		
			商务能力		

（1）创新能力

博士生教育培养的创新能力主要是指在独立从事科研工作时需要有创新想法。而企业工作所需的创新能力,不仅体现在探索前沿性研究和横向纵向课题申请中,在研发产品技术、研制型号、推进技术成熟度时也非常重要,同时还体现在改善管理实践的非技术类创新中。

（2）解决复杂/有难度问题能力

博士生教育培养的解决复杂问题的能力主要是在专业技术方面能突破关键

技术和处理突发因素。而工作中不仅需要解决专业技术方面的问题,还需处理专业之外有难度的事情,包括构建解决方案和找到解决难题的关键人物,并能得到其他成员的帮助。

（3）团队管理/合作与协调能力

博士生教育并没有对团队协调能力进行针对性培养,与团队的合作及协调往往是在完成项目中附带得到锻炼的能力。而团队管理与协调能力被认为是对企业工作最重要的能力,它要求博士能管理团队,并能在单位内部和单位之间具备协调各方资源的能力。

（4）持续学习能力

博士生教育培养的学习能力帮助博士在入职或转换工作内容时快速适应新角色。而博士在日后较长的工作时间里,也只有始终保持主动学习新知识和技术、接触多元化信息,才可能长期地推进项目;只有不断摸索和学习管理经验,才能不断适应企业规则与文化,帮助自己成长。

（5）沟通表达/交流能力

博士生教育侧重培养专业领域内的表达和汇报能力。企业工作还要求博士在一般对话情境中抓住重点地表述问题,通过良好沟通,顺利解决问题;也要求博士在与组织外部专家的会话、技术审查等场合,进行专业性汇报与交流。

（6）品格与工作态度

经过理工科博士学位训练,博士们都更加吃苦耐劳、有毅力、认真,这些都帮助博士在工作中保持良好的品格与工作态度,成为持续进步的基础。

被"职业发展所需能力"提及、"博士生教育培养的工作相关能力"未提及的能力,即被 A2 提及而 A1 未提及的能力条目有八项,说明在技术实力、判断和把握发展方向、满足和开拓市场的能力、领导能力、项目管理能力、人际交往能力、时间管理能力、技术实力、商务能力方面,博士生教育培养有待加强。

2. 博士生教育培养的工作相关能力与培养所欠缺能力的比较

针对"博士生教育培养的工作相关能力"和"博士生教育培养欠缺的能力"这两个主题,将有关的定量和定性结果进行比较,比较两者一致和不一致的地方,结果见表 5 - 11。

定量研究中,能力自评水平和能力重要性评价配对样本比较结果（请见表 3 - 9）显示,博士在"掌握研究方向的专业知识"这项能力上的实际水平,显著高于企业需求,在一定程度上反映了这项能力是"博士生教育培养的工作相关能力",如表5-11中B1格所示。

定量研究中,能力自评水平和能力重要性评价配对样本比较结果(请见表3-9)显示,博士在"掌握更广泛学科知识"等另外九项能力上的实际水平,显著低于企业需求,在一定程度上反映了这几项能力是"博士生教育培养欠缺的能力",如表5-11中B2格所示。

定性研究中"博士生教育培养的工作相关能力"这一主题,如表5-11中B3格所示。

由于定性研究中没有关于"博士生教育培养欠缺的能力"的主题,因此通过找出主题"职业发展所需能力"中有,而主题"博士生教育培养的工作相关能力"中没有的能力条目,来反映"博士生教育培养欠缺的能力",即表5-10中A2列中有,而A1列中没有的能力条目。结果发现,判断和把握发展方向、满足和开拓市场的能力、领导能力、项目管理能力、人际交往能力、时间管理能力、技术实力、商务能力这八项能力,是"博士生教育培养欠缺的能力",如表5-11中的B4格所示。

表5-11 博士生培养的工作相关能力和欠缺能力的定量与定性结果比较

主题	定量结果	定性结果	一致	不一致
博士生教育培养的工作相关能力	**(B1)**在"掌握研究方向的专业知识"方面,博士的实际水平显著高于该能力在企业工作中的重要性程度(在0.05水平上)。反映出,博士生教育在专业知识上的培养充分。	**(B3)**博士生教育主要培养的工作相关科研能力,包括创新能力、写作能力、基本研究能力、解决复杂问题能力、调研分析能力、知识面深而广、逻辑思维能力、独立科研能力。博士生教育也培养了工作相关的一般能力,包括品格和工作态度、持续学习、对他人辅导、团队协调、沟通表达。	① 访谈中,博士认为博士生教育在知识面深而广等方面效果显著,这与定量研究发现博士具备了企业所需的博士研究方向的专业知识是一致的。② 定性结果显示,博士生教育在项目管理能力、领导能力、满足和开拓市场能力上缺乏培养。同样,定量研究结果发现博士在项目管理能力、领导力、	① 定性结果丰富了定量结果:除了专业知识,博士生教育培养了其他方面的科研能力,例如创新能力。此外,也在工作态度和品格、持续学习能力等一般能力上有所培养。② 定性结果与定量结果出现不同结果:虽然,访谈结果显示,博士生教育对写作能力、解决复杂问题能力、

续　表

主题	定量结果	定性结果	一　致	不一致
博士生教育培养欠缺的能力	**(B2)** 在掌握更广泛学科知识、问题解决能力、在多学科背景 *团队工作能力*、项目管理能力、沟通交流能力、领导力、明确和满足客户需求这七项上,博士的实际水平显著低于这些能力在企业中的重要性程度(在 0.001 水平上);博士的商业意识显著低于该能力在企业中的重要性程度(在 0.01 水平上);博士的写作能力显著低于该能力在企业中的重要性程度(在 0.05 水平上)。	**(B4)** 经过表 5－10 定性主题比较后发现:在判断和把握发展方向、满足和开拓市场的能力、领导能力、项目管理能力、人际交往能力、时间管理能力、技术实力、商务能力这八项能力上,博士生教育的培养还有所欠缺。	明确满足客户需求、商业意识这四项上的实际能力低于企业要求,说明博士生教育在这几项能力上培养不足。	知识面深而广、团队协调、沟通表达能力进行了培养。但是,定量研究结果显示,博士在写作能力、问题解决能力、在掌握更广泛学科知识、团队工作能力、沟通交流能力上的实际能力水平仍未达到企业需求。

经过比较定量与定性结果,发现结果不一致的地方:虽然访谈结果显示,博士生教育对写作能力、解决复杂问题能力、知识面深而广、团队协调、沟通表达能力进行了培养,但定量研究结果显示,博士在写作能力、问题解决能力、在掌握更广泛学科知识、团队工作能力、沟通交流能力上的实际能力水平仍然显著低于企业需求水平。

为了解释为什么在一些博士生教育培养的工作相关能力上,博士的实际能力水平低于企业需求,可在前文的分析中可以找到部分答案。在将"博士生教育培养的工作相关能力"和"企业所需能力"主题中共同提及的相似能力比较分析后发现,尽管博士生教育培养了与工作相关的科研能力和一般能力,但都更适用于科研工作,能力培养的宽度较为局限。这进一步说明,在加强与非学术职业的衔接上,理工科博士生教育还需为广泛工作情境的需求做更多准备。

第三节　小　结

本章通过将定量研究结果与定性研究结果进行混合,展开三方面分析,得出以下研究结果:

(1) 将受访博士分为四组,分别是晋升满意组、晋升不满意组、未晋升满意组、未晋升不满意组。对四组博士对职业成功影响因素的认识特点进行比较分析。以晋升满意组博士为参照,为了提升工作满意度和晋升可能性,企业就职的理工科博士需要:更加重视朋友、客户关系、国内外同行对职业的作用;更加注重在日常工作中展现特长与价值,有持续的突出表现;主动融入企业环境与工作氛围;更加关注个人可提升路径,优化个人内部条件通过实际努力克服挑战。

(2) 将定量研究和定性研究中都涉及的主题(能力、社会网络)对职业成功的作用进行混合分析后发现,两者之间既有互相验证的地方,也有相互补充之处。定量研究发现能力对晋升不单独发挥显著作用,而是需要和社会交往网类型多样性联合在一起对职业成功产生积极作用;能力和社会网络不仅分别对工作满意度有积极影响,而且还联合对工作满意度发挥积极作用。

定性研究中提供了丰富的例子,进一步揭示了能力与社会网络对职业发展的联合作用机制。例如,技术实力与单位外部工作伙伴关系联合对职业发展产生积极作用。沟通能力、协调能力、人际交往能力、解决问题能力会与单位内部同事的关系网络联合对职业发展产生积极作用。

(3) 博士生教育是理工科博士在企业取得职业成功的重要基础,找出它在能力培养方面与企业需求之间的差距具有重要意义。经过将定量研究与定性研究中关于能力的研究结果进行对比发现:博士生教育培养了包括专业知识、创新能力在内的科研能力,也在工作态度和品格、持续学习能力等一般能力上有所培养;虽然博士生教育培养了与工作相关的能力,但还不能满足广泛工作情境的要求,能力培养的宽度有待进一步拓展。

第六章
欧洲博士生教育改革的经验借鉴

目前,我国理工科学术型博士毕业生在学术界就业的比例正在持续下降,如果博士毕业生无法满足社会各部门的多样化要求,博士生教育质量就会遭到质疑。在欧洲,英德两国博士生教育也面临同样的挑战。早期,博士学位主要有两种模式共存。在 19 世纪早期产生的传统德国模式博士学位,即由博士毕业论文为主导的博士学位,一直占据主导地位。到 1861 年,美国模式的博士学位,即由课程和博士论文构成的博士学位,开始发展(Albatch,2004;Nerad,2007)。当博士生教育面临为越来越多非学术职业做准备的挑战时,欧洲发达国家纷纷展开博士生教育的改革。

由于我国博士生教育模式与传统德国模式的博士学位比较接近,因此,本章希望通过分析欧洲国家的博士生教育转折背景和变革措施,对我国博士生教育的改革提供经验借鉴。

第一节 改 革 背 景

传统博士学位是个体能够进行独立原创性研究的一种资格证明(Roberts,2002),是进入学术职业的门槛。然而,随着博士生教育规模扩张和博士毕业生人数增长,欧洲前往学术界就职的人数比例开始降低(DTZ Pieda Consulting,2010;Ender,2002)。国家创新和社会发展都对高水平技能人才(例如博士)提出更多需求(Leitch,2006)。这些都对欧洲博士生教育提出了挑战。在传统师徒制的博士生教育中,博士生的大部分时间和精力都集中在科学研究上,较少为将来的职业做更多准备,从而缺乏多样化技能而无法满足学术界内外工作的需要。单一目的博士生教育越来越多地因为不能满足学生与雇主的期望而受到质疑(Park，2005)。因此,博士生教育必须帮助学生为多样化的工作做准备,以满足社会各界的需求(Jackson，2007)。

欧洲通过启动博洛尼亚进程和出台一系列战略政策,推动欧洲各国博士生教育的改革。2003 年,《柏林公报》(*Realising the European higher education area*)将博士生教育纳入博洛尼亚进程,并鼓励加强博士生教育在机构之间的合作(European Ministers in charge of Higher Education，2003)。同年,《欧洲研究区域的研究者：一种职业,多种工作》(*Researhers in the European research area: One profession，multiple careers*)提出为了满足博士作为研究者在学术界内外从事研究性工作的需要,应为他们提供充足的训练(Commission of the European Communities，2003)。2005 年,《卑尔根公报》(*The European higher Education Area-Adinely the Goals*)提出博士生教育需要促进跨学科和可迁移技能力的发展,以此满足广泛劳动力市场的需要(European Ministers in charge of Higher Education，2005)。欧洲大学协会(European University Association)于 2005 年在萨尔茨堡提出了完善博士生教育的"十条基本原则",强调博士生教育的核心要素是通过原创性研究推进知识创新,同时还必须满足职业市场对各类高层次人才的需要,以及需要尊重博士生培养模式的多样性。

在此背景下,英国博士生教育开始逐步由传统导师制博士学位项目向结构化博士学位项目转变：建立新制博士,将学术指导、团队合作、讲座、辅导和年度研究会议结合在一起的学位项目(Wellington，Bathmake，Hunt，McCulloch & Sikes，2005)；设立博士生训练中心(Doctoral Training Centers),提供以大学、科研机构和工业界为依托、包含专业训练模块和可迁移技能训练模块的博士学位项目。德国在 1988 年建立了第一个研究生院,自此开始了博士生教育"结构化"的改革。这些变化都对欧洲的博士生教育产生着深刻影响,也为我国博士生教育在满足多元化职业需求方面进行改革提供有益借鉴。

第二节 英国博士生训练中心的特色

博士学位拥有悠久的历史,第一个授予的博士学位可以追溯到 1150 年的巴黎。直到 1920 年,博士学位才被英国的牛津大学引入和采用(Nobel，1994)。

进入21世纪后,英国政府开始持续关注博士生训练的属性和角色,发表了一系列政策报告,促进博士生教育的改革。《罗伯特报告》(*Robert Report*)强调,为了扩大高技能毕业生的社会经济影响力,需要去考虑STEM博士研究者的就业能力和职业发展需要,弥补传统博士生教育与社会需求之间的差异(Treasury,2002)。英国研究生教育协会(UK Council for Graguate Education)和英国研究生项目(UK GRAD Programme)呼吁增加职业发展模块,加强对可迁移技能、就业相关技能的训练。与此同时,随着英国高等教育的公共资助大量增长,英国高等教育越来越多地面临对国家经济增长产生贡献的压力,能否满足经济发展要求和回应社会需求,成为博士雇主特别关心的问题,也是博士生教育有必要回应的问题。

英国工程与自然科学研究理事会(Engineering and Physical Sciences Research Council,EPSRC)于2003年建立2个博士生训练中心(Centres for Doctoral Training,CDTs;也被称作 Doctoral Training Centres,DTCs),希望通过建立跨学科、跨机构合作的博士生培养平台,培养能够处理当下问题和应对未来挑战的工程师与科学家(Lunt,McAlpine,& Mills,2014)。到目前为止,受EPSRC资助的博士生训练中心已达178个,涉及纳米技术、复杂性科学、能源、数字经济等广泛领域。随着博士生训练中心在博士生培养上不断取得成果,博士生训练中心被英国其他领域的研究理事会认可、引进和建立,成为一股不可忽视的力量(Lunt et al.,2014)。

英国博士生训练中心的建立与发展,开启一种新型博士生培养模式,通过学术界内外机构的合作,设置了贯通四年的学术研究活动和多样化技能训练。依托博士生训练中心的哲学博士(PhD)学位项目与传统哲学博士学位项目的区别主要体现在,它以博士生的未来职业为导向,为博士生毕业后从事多元化职业做充分准备。以下以受EPSRC资助的博士生训练中心所提供的哲学博士(PhD)学位项目为例,对其特色进行论述。

(一) 回应知识经济诉求的新型博士生培养模式

1. 以跨机构平台为依托的博士学位项目

Gibbons等(1994)认为知识生产模式1已经向知识生产模式2转变。在知识生产模式1中,知识在有严格边界的学科中被描述,并主要由大学生产知识;在知识生产模式2中,为了解决真实世界的复杂问题对多学科知识的需求增大,知识由一系列利益相关者共同生产，包括工业界、政府、大学、独立研究机构和公众。博士生毕业后无论是在学术界还是学术界外工作，他们在知识生产和应用过程中，都将不可避免地与学术界外人员或机构交流合作。在这样的背景下，英国博士生训练中心构建了由不同院系、院校和学术界内外机构的高度合作的训练平台，为博士生提供在广泛机构学习的经历。大多博士生训练中心受到英国某个领域的研究理事会资助，有的还同时受到多个研究理事会的共同资助。因此，和传统博士生教育中博士生以独立完成博士论文为主显著不同的是，依托博士生训练中心的博士学位项目为博士生提供实践性强、与工业界实际需求联系密切的研究训练。

2. 研究和技能训练相结合的结构化培养

传统博士生教育中，博士生主要以独立完成博士学位论文研究为主。与此明显不同的是，博士生训练中心采用研究和技能训练相结合的结构化培养模式，即博士生除了需要完成学位论文研究，还需要参加教学课程、小型研究项目、研究技能和可迁移技能训练等一系列拓展活动。和英国传统三年制的博士学位项目不同，依托博士生训练中心的博士学位项目普遍采用四年制，但不同项目采用的方式略有不同，有的采用四年制连续模式，有的采用"1＋3"模式（1 年 MSc/MRes/MPhil 项目＋3 年 PhD 项目）。以帝国理工大学的可持续发展土木工程博士生训练中心（EPSRC CDT in Sustainable Civil Engineering）为例，其四年制博士学位项目结构如表 6-1 所示（帝国理工大学每学年有三个正式学期，表中每学年下每一列代表一个学期，第四列代表博士生训练中心延伸的学习时间）。如表 6-1 所示，一系列拓展活动穿插在不同学习阶段，循序渐进地促进博士生专业成长。学生在第一年通过课程学习前沿学科知识，通过小型研究项目和技能训练掌握工具、方法和技术，为后期深入进行博士论文研究做铺垫、打基础。

表 6-1　帝国理工大学可持续发展土木工程博士生训练中心博士学位项目

内　　容	第一年				第二年				第三年				第四年			
教学课程	a															
团队研究项目		b														
博士论文研究			c	c	c	c	c	c	c	c	c	c	c	c	c	c

续　表

内　　容	第一年		第二年		第三年		第四年	
研究进展回顾		d	d	d	d	d	d	
可迁移技能训练	e	e	e	e		e		e
年度研究论坛		f		f		f		f
写作和毕业申请							g	g

资料来源：可持续发展土木工程博士生训练中心网站：http://www.imperial.ac.uk/sustainable-civil-engineering/training-programme.

3. 突破传统师徒制的培养方式

传统博士生教育采用师徒制培养方式，博士生大多在导师的单独指导下独立完成博士论文研究，大多时候处于独自"修行"状态。传统师徒制显然已经不能满足博士生在探索和解决与社会密切联系的研究问题中所涌现出来的需求。对此，博士生训练中心引入同辈小组学习方式和多导师制。一方面，博士生组成同辈小组，以团队形式参与到各个同辈活动中，包括教学课程、学术会议、可迁移技能训练等一系列拓展活动。当博士生以多学科团队形式共同面对和处理各项挑战时，不仅可以扩充多学科知识，开拓科学视野，增强跨学科沟通能力，还可以提升在多学科背景团队中有效工作、时间和团队管理能力。另一方面，博士生还受到两名来自不同院系或院校的导师共同指导，当研究项目受到工业界伙伴单位资助时，还会有一位工业界导师。通过引入多导师制，加强了对博士生论文研究的指导力度，为解决研究问题提供了多学科、工业界的丰富视角。博士生训练中心的培养方式，打破了博士生单打独斗的现象，对于提高博士生解决真实问题的能力有很大帮助。

（二）兼顾学术能力和职业技能的多方位可迁移训练

传统博士生教育关注博士论文研究，将产生原创性知识贡献作为衡量博士生培养质量的主要标准，而较少关注学术界外的就职需求。随着博士毕业生所从事职业多元化趋势增强，传统博士生教育的单一培养目标及单一师徒制指导模式，已经无法满足学生、雇主和社会发展的需求。虽然，英国的大学在 20 世纪

90年代建立了研究生院为全校博士生提供可迁移技能训练,而博士生训练中心可迁移训练的特点是,博士生不必在全校范围内修读课程,他们在博士生训练中心安排的课程中就可以完成可迁移技能训练,并且,课程内容与攻读博士学位所涉及的学科密切相关。为了回应社会各界的需求,博士生训练中心从以下三方面提升博士生的可迁移技能水平。

1. 促进研究技能和职业技能平衡发展

博士生训练中心在博士生学习的不同阶段,设置专门的可迁移课程与训练,促进学生的研究技能和职业技能的共同发展。不同阶段可迁移训练的设置目的不同,内容连续:博士学习初期阶段的训练以博士论文研究为导向,以培养有利于后期完成博士论文研究的研究技能为主;博士学习后期阶段的训练以职业为导向,在前期训练的基础上,关注学术界、商业界和工业界需要的各类职业技能。以艺术、遗产和考古中的科学与工程博士生训练中心(EPSRC CDT in Science and Engineering in Arts,Heritage and Archaeology)为例,其在 MRes 期间设置一门为期一周的选修课程,目的是让学生理解科学研究的影响力,特别是帮助理解如何通过可迁移技能最大化地利用科学研究成果解决实际问题。学生通过与媒体专家、政策制定者、出版商的讨论,锻炼与不同领域专业人士的对话技巧。此外,课程还会对项目规划、时间和资源管理、风险测评和削减等技能进行讨论,为博士论文研究打下重要基础。安排在博士学习期间的可迁移技能训练课程,每年一次,每次持续一周。课程内容以未来从事职业为导向,培养全面视野,重视创业技能、政策管理等技能的发展。训练地点通常在非大学场所,例如博物馆、公司或大型研究所(Centre for Doctoral Training in Science and Engineering in Arts,Heritage and Archaeology,2015)。

2. 培养专业领域的伦理观念

大学早已不再是科学研究的垄断者,大量的科学研究在学术界外产生。当与外界的合作联系越来越多时,科学技术方面的规范性问题也不断涌现出来。如何理解伦理并做出关键的伦理决定,将是博士在职业生涯中必然会面对的问题。因此,博士生训练中心非常重视发展博士生的伦理观念,通过开设课程促进学生对科学知识生产过程中的政治、经济、社会和伦理问题进行讨论和反思,发展他们的科学责任感和伦理观。以材料理论与仿真博士生训练中心(EPSRC CDT in Theory and Simulation of Materials)为例,一共设置了 4 个模块的可迁移技能课程：其中 1 个模块安排在 MSc 阶段，关注研究伦理，内容包括伪造数据和剽窃；还有 3 个模块安排在 PhD 阶段，2 个模块关注与材料相关工作中的伦理问题，1 个模块是伦理学家的辩论活动（Imperial College London，2017）。2013年英国研究生研究经历调查发现，和非博士生训练中心的博士生相比，以博士生训练中心为依托的博士生在"运用合适的研究方法、工具和技术"、"创造性分析和评估研究结果"、"对自己的创造性或创新性具备自信"这三项技能的发展上没有很大差异，但在"对研究伦理的理解"这一技能的发展上有一定优势（Bennett & Turner，2013）。

3. 锻炼面向公众的科技交流能力

在传统博士生教育中，博士生用大部分时间在各自的研究领域吸收知识、打造研究技能、创作博士论文。2011 年的《英国博士学位指南》中提出，博士生不仅应当做好科学研究，还应当积极参与到传播科学研究知识的活动中（The Quality Assurance Agency for Higher Education[QAA]，2011）。因此，博士生训练中心不仅要求博士生完成学术研究，还对参加各类公众参与活动提出要求，以此提升博士生的科技交流能力。英国公众参与国家协调中心（National Co-ordinating Centre for Public Engagement，NCCPE）将公众参与定义为："公众参与是高等教育和科研的收益与公众进行分享的方式，它是双向交流的过程，包括互动和聆听，从而实现互利共赢的目的"（NCCPE，2017）。因此，博士生通过公众参与活动获得的科技交流能力也是两方面的。一方面，通过向更多的人传递科学思想，提高了向不同年龄层、不同教育背景的人表达复杂科学理念的能力；另一方面，通过聆听公共领域的非专业科学意见，收获对科学与技术决策有价值的贡献，提升了聆听和吸纳非专业人士意见的能力。博士生参加的公众参与活动类型多样化，包括国家级演讲竞赛，例如，致力于组织科学家和工程师传递科学、技术和工程理念的三分钟科学演讲竞赛"科学三分钟（Famelab UK）"，面向英国青年科学家和工程师的"大爆炸展览会（The Big Bang Fair）"等。博士生还被鼓励积极组织和参与和普通大众的对话交流。例如，用有趣的方式向中小学生展示科学研究和激发他们的科学兴趣，或是通过博客、社交网络和电台广播等方式与大众进行科学沟通。为了帮助博士生理解公众参与的意义，提升公开演讲的技能，博士生训练中心还提供相应的训练课程。例如，帝国理工学院人文系在科技交流方面实力突出，材料理论与仿真博士生训练中心的博士生可以接受来自该领域专家一对一的指导训练和其他拓展训练(Imperial College London，2017)。

(三) 基于自我反思的职业发展支持

传统博士生教育重在发展学生的学术能力,更多的是为学术职业做准备,而较少关注学术界外的职业需求。博士生训练中心的特点是,无论博士生未来选择学术职业还是就职于学术界外,它希望博士生能对个人兴趣和职业潜能进行自我反思,能尽早对自身职业发展进行规划。因此,博士生训练中心从职业生涯的角度出发,为博士生提供纵观四年学习时间、全方位的职业发展支持,促进博士生过渡从学生到职场的角色转变。

1. 启发对个人潜能与工作匹配性的思考

对很多博士生来说,他们缺乏对个人兴趣和潜能与未来职业相匹配的思考。博士生在读博期间往往并不明确自己将来想要从事的职业,也不清楚未来职业所需要的技能。尽管传统博士生教育一直被认为是针对学术职业的准备,但大多数博士生对学术职业所需技能的了解和掌握也不尽人意。例如,很多有意从事学术职业的博士生不会撰写清晰而有说服力的研究资助申请报告。另一方面,尽管博士生对学术界外的工作感兴趣,但通常缺乏对学术界以外职业的了解。对此,博士生训练中心会给博士生提供合适职业选择的相关信息。例如,材料理论与仿真博士生训练中心会给博士生推荐科技政策的相关职业(Imperial College London，2017)。由于博士生训练中心培养的博士具备接触学科前沿和掌握科技变化的优势,对社会经济发展过程中涌现出的各类重要社会问题,例如科技变革中涌现出来的道德问题、大学里的技术转移问题、教育与能量供应、减轻气候变化的后果、提高科学研究资助等有较为深刻的理解,因而博士生训练中心会推荐他们从事政府的政策咨询与制定工作。另一方面,博士生训练中心还通过给博士生提供和从事不同职业的成功博士接触的机会,帮助他们了解不同职业的发展路径和工作常态,促进学生反思个人职业兴趣和潜能与不同职业的匹配情况。

2. 加强对未来职业所需职业技能的理解

当博士生拥有了职业目标以后,博士生训练中心还希望博士生可以尽早开展职业规划和做职业准备。为此,博士生训练中心会开设以不同职业技能为主题的课程,帮助博士生了解这些技能对职业的重要性,并掌握职业技能的提升策略。以材料理论与仿真博士生训练中心为例,博士生在第二年需要参加为期两天的职业规划寄宿课程——"博士毕业以后",任课老师一般是职业咨询师和校内职业咨询服务老师。由于许多博士生会认为他们吸引雇主的原因和他们的博士论文研究题目有关,而课程的目的就是让博士生们意识到,和本科、硕士学位获得者相比,博士生所拥有的技能使他们更具有竞争力,包括写作和口语交流、团队合作、独立工作、分解复杂问题、计算性技能、跳出固定思维考虑问题、批判性思考、支持他人等。课程希望博士生意识到各项能力对未来职业的重要性,并在攻读博士学位期间主动获取这些技能,以便可以将这些个人能力体现在求职简历中(Imperial College London,2017)。

3. 促进具有广泛意义职业认同的形成

在传统博士生教育中,当博士生获得博士学位时,意味着博士生成为在学术界内有资格的专业研究者。而随着博士毕业生越来越多在学术界外就职,在传统博士生教育中形成的作为专业研究者的职业认同,就会与未来多样化的职业角色不相匹配。虽然现在很多博士生毕业后可能会从事政策制定或商业性质的工作,但他们仍然是适应社会需求且具有高深知识和技能的知识工作者(Nyquist,2002)。因此,为了促进博士生形成具有广泛意义的职业认同,博士生训练中心积极开展类型多样化的拓展活动,例如,学术会议、工业界—学术界互动日等,为博士生与社会各界人士接触和交流提供平台,将传统博士生教育中仅包含同辈、教师的社会网络,拓展成为同时包含其他院校的博士生、一流学者、政策分析人、高水平科学家和工程师以及商界人士等在内的广泛社会网络。在广泛的社会网络中,博士生接收来自社会各界人士对博士研究者所提出的不同期望,并根据自己的职业兴趣内化相应的期待,促进个体从博士生到未来职业的角色转变,从而形成自我认可的职业认同。

第三节　德国博士生教育的结构化改革

在德国传统的博士学位项目中,博士生在入学以后,一般在特定领域内选择一个研究方向开展研究,并在导师指导下独立完成研究工作,逐渐形成独立研究者的认同。由于博士学位的完成时间有限,因此,博士生如果把大部分精力集中在一个相对较窄的研究主题中,容易导致不能为将来的职业做更多准备。慕尼黑工业大学(Technical University of Munich,TUM)于 2009 年设立了研究(博士)生院(TUM‐GS),为博士生教育提供多层面的训练,"提供一个学术知识和专业资格交织在一起的环境"。从 2014 年开始,新入学的博士生自动成为TUM 研究生院的一员。慕尼黑工大研究生院提出有特色的结构化博士生培养模式,具体见下图 6‐1。

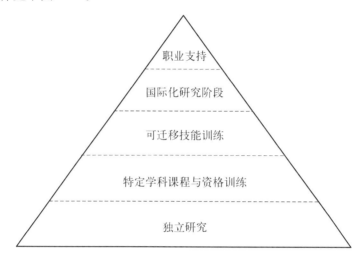

图 6‐1　慕尼黑工大结构化博士生培养模式

资料来源:http://www.gs.tum.de/en/doctorate-at-tum/the-tum-model/.

从图 6‐1 可见,博士生除了进行独立研究,还可以享受研究生院开设的一系列博士生支持模块,包括可迁移技能训练、职业支持、科技训练等,从而为打造适合科学界、工业界及其他社会各界的博士生做准备。慕尼黑工大博士生培养的改革呈现以下几个特点。

(一) 坚持学术研究是博士训练的核心

1. 增强独立研究的能力

从图中可见,独立研究仍然是博士生最基础和最重要的工作。学校明确规定,"博士生必须做两件事,第一,必须进行独立的研究,第二,博士学位必须改进特定领域的知识状态。"在学习开始,博士生会有一名导师作为主要指导者,还会选择一名辅助导师作为第二导师提供额外的学术指导,包括关注普通教育、个人发展和支持,确保博士生学习内容的进展。辅助导师不一定是慕尼黑工业大学的老师,但必须是拥有博士学位的人。

2. 拓展国际化研究经历

在全球化背景下,科学与研究的国际化趋势日益明显。为了拓展学生国际化研究经历,慕尼黑工大研究生院鼓励博士生到合作院校进行研究学习,参与国际会议或者接受国外院校的访问交流,为学生提供包括住宿、会议/座谈会注册等方面的经济支持。

同时,慕尼黑工大允许学生通过接受国外大学联合培养获得双方大学授予的博士学位。作为"欧洲技术大学联盟(EuroTech Universities Alliance)"四个成员之一,慕尼黑工大与其他三所大学之间在研究与教学方面都有着深入合作。博士候选人可以参与到以企业家创新精神与创新、健康与生物工程、数据科学与工程为主题各项研究创新活动中。

(二)设置多方位专业资格训练

1. 启动研讨会(Kick-off Seminar)

新入学的博士生必须参加启动研讨会,研究生院每年会举办 12—15 次启动研讨会,每次为期三天,为学生提供关于学术工作方面的信息,包括如何构建博士学位论文,如何开展科研实践等。学校建议博士生在入学前的 6 个月中参加启动研讨会,以更快地融入学习和研究。

启动研讨会为博士生提供了拓展个人网络的平台和机会。启动研讨会的第一天内容包括主题演讲、非正式展示、海报展示、科技大讲堂等。其中,主题演讲环节是来自工业界、研究和知识管理界的专家为学生做报告。在海报展示部分,博士生通过呈现研究计划、了解其他博士生的研究问题与同辈交流想法。在科技大讲堂环节,博士生和团队中其他人就各自研究问题展开充分讨论。在启动研讨会的第二、三天,博士生会参与到一门跨学科课程的学习中。

2. 特定学科资格训练(Subject-specific Qualification)

为了补充和拓展博士生的独立学术工作,学校和学院的研究生院提供了一系列特定学科专业相关课程,每个博士生必须修满 6 个学分。专业资格训练包括课程学习,博士生座谈会,数据和软件研讨会,寒暑假学校和一系列主题研讨会,以及一些校外讲座。不同院系的研究生中心(Graduate Centre)还会提供关于学科规范方面的培训,包括学术规范训练和科技论文写作课程。

(三) 设置不同导向课程培训可迁移技能

慕尼黑工业大学研究生院为博士生提供一系列课程,发展他们的可迁移技能和拓展他们的跨学科经历,为下一步职业发展提供有价值的资格训练。课程按照能力导向分为两种类型:一类是博士学位导向课程,一类是职业导向课程。具体见图 6-2。

可迁移技能训练

图 6-2 慕尼黑工大可迁移技能训练课程结构图

如图 6-2 可见,博士学位导向课程涉及三个领域:人格与自我管理,交流与方法能力,领导力与责任。人格与自我管理类课程内容包括创造性思维、复杂项目管理、时间管理等。交流与方法能力类课程内容包括 R 语言数据分析、优化学术展示、写作提高训练、科技论文写作、国际会议论文报告和海报等。领导力与责任类课程内容包含领导力与合作、决策制定、商业管理基础等。

职业导向课程涉及三个领域:科学与研究,企业家精神与创业,商业和工业界。科学与研究类课程主题包括学术界内外的职业路径。企业家精神与创业类课程主要内容是对博士创业的一系列指导课程,包括从研究中挖掘市场机会、将创业意识融入日常研究中、将研究转变成设计、瞄准机遇等课程。商业与工业界类课程内容包含申请工作等主题。

课程培训者是来自社会各界有经验的专业人士,包括有经验的非营利组织的人力资源,或是具有领导力的企业高级员工。每门课程对上课人数有限制,上课语言包括英语、德语、荷兰语。

(四) 提供职业辅导服务

慕尼黑工大的研究生院和其他机构为博士生的个人专业发展及职业计划提供不同层面的广泛支持,包括辅导服务、指导服务、校友与职业咨询、学术界的职业咨询等。

1. 辅导服务(Mentoring)

慕尼黑工大为博士生和年轻学者提供了许多辅导类项目,包括通用辅导项目(General Mentoring Program),和针对博士生的科学家辅导项目(Mentoring for Scientists Program),提供与不同职业研究者互动和交流的经历。通用辅导项目面向三年级以上本科学生、硕士生和博士生,由 TUM 的校友作为辅导者,主要目的是帮助在校生拓展人际网络、挖掘潜能和培训技能。科学家辅导项目面向在校博士生和博士后,辅导者是 TUM 的客座科学家,项目周期有 12 个月也有 3—6 个月的短期项目。项目由希望被辅导的人自己申请,项目为其匹配一名合适的导师,通过科学家辅导项目,博士生通常获益很多。

辅导项目在以下四方面效果显著。第一,联系增强。当与校友研究者相遇,博士生个人视野和职业角度得到拓展,熟悉了科学研究挑战及研究方法。第二,能力提升。一个专业研究者所依赖的不限于专业知识,还包括团队合作、分享知识和让自己处于最好的状态。第三,知识拓展。跨学科不仅仅是一种口号,而是实实在在存在于日常研究之中的。通过与从事不同学科工作的研究者接触,科学视野得到开拓。第四,机会挖掘。和相似学科背景的人接触或是与不同职业路径的人接触,能反思自己潜能,发现个人兴趣和动力。

2. 指导服务(Coaching)

指导服务主要是为了帮助博士生解决与博士学位相关的问题和冲突,提高学习技能或工作表现。指导服务具有较强针对性,当博士生遇到以下问题时都可以选择指导服务,如学习困难、感到孤独、感到考试焦虑、工作—生活平衡、处理高强度工作的压力等。指导者来自学术界或是商界,根据申请服务者咨询的问题,匹配相应的导师。慕尼黑工大的博士生可以免费接受 4 小时的指导服务。

3. 校友和职业咨询(TUM alumni and career)

校友与职业服务,为所有的本科生和研究生提供一系列广泛的职业服务,包括找工作、申请工作、国际化职业等多方面的咨询服务。所有服务都免费。

4. 学术界的职业咨询(Career in academia)

如果博士生对大学或是研究机构的工作感兴趣的话,可以在攻读博士学位的最后一个阶段开始筹备。可以利用"TUM 人才工厂(TUM Talent Factory)"网站寻求教职、博士后职位申请及资助方面的信息。

第四节 小 结

依托英国博士生训练中心和德国研究生院的改革,始终将学术研究的训练置于博士生教育最核心位置,并采用研究和技能训练相平衡的培养模式。英国博士生训练中心的特色主要体现在使可迁移技能训练贯穿始终,慕尼黑工大的特色是以博士学位和非学术职业为导向分别设置可迁移课程。将职业技能训练纳入博士生教育的考虑范畴,培养适应广泛社会需求、兼具学术能力和职业技能的高层次人才,对我国博士生教育改革同样具有重要意义。

两国新型博士生教育的另一特色是突出对博士生个体成长的重视,即不仅对博士生的知识学习、技能提升有所要求,还专门为博士生提供职业辅导服务。英国博士生训练中心更关注个体从博士生到未来职业角色的转变过程,提供以多元化职业为导向、适用于不同成长阶段的职业发展支持,鼓励个体进行自我反思和严谨地思考和决定职业选择,帮助博士生在职业成长道路上更好地理解自己,形成符合未来职业角色的职业认同。慕尼黑工大以博士学位为导向,提供帮助解决在读期间心理或学业问题的咨询服务;以未来职业为导向,提供挖掘职业兴趣、开发职业潜能、增强求职技能的辅导服务。

从两国改革经验来看,为了满足博士多元化职业需求,我国博士生教育可借鉴:

(1) 通过整合学术界内外多方资源构建不同类型的博士生培养平台,提供实践性强、与社会需求紧密联系的研究经历;

(2) 以学术能力和职业技能平衡发展为导向,采用课程、团队项目、公众参与等形式多样化的教学方式,使个人学习和同辈小组学习方式相结合,突破传统博士生培养模式;

(3) 通过鼓励博士生对职业兴趣、职业发展自我反思,促进形成与未来职业角色相匹配的职业认同,提供以个体成长为内核的职业发展支持。

第七章
启示与建议

第一节　理工科博士非学术职业研究的启示

科技正在改变着人类生活与文明,自主创新对我国发展意义重大。在企业任职的理工科博士作为国家自主研发的中坚力量,肩负着开拓创新的重任。因此,理工科博士的非学术职业发展需要得到更多关注。本研究以社会认知职业理论为研究视角,探究企业就职理工科博士职业成功及其影响因素。定量研究考察了能力和社会网络对博士晋升及满意度的影响程度。定性研究探索了影响博士职业成功的因素,包括能力、社会网络、背景因素、博士生教育经历、工作经历和个人认知因素,并对这些因素在企业就职理工科博士职业发展过程中的作用,进行了更丰富和立体的描绘。对两部分研究结果的混合分析,进一步探索了不同职业境况与主观感受的博士对职业成功影响因素的归因,探析了能力和社会网络对博士职业发展的联合作用机制,剖析了博士生教育培养与企业需求之间的差距。对研究结果进行总结,得出以下几个研究结论:

(一) 能力和社会网络是影响博士职业成功的基本条件

理工科博士在企业取得职业成功,需同时具备能力和社会网络两个条件。在能力方面,博士既需要与核心工作任务密切相关的项目能力,也需要具备处理日常工作事务的一般能力。对职业有帮助的社会网络有包括领导、同事的组织内关系网络,以及包括老师同学、家人朋友、客户同行的组织外关系网络。其中,领导对博士职业发展作用最为突出。博士导师、同学在企业就职博士的课题申请、项目评定等工作中发挥着重要作用。

同时拥有提供工具性支持和情感性支持的组织内外部社会网络的博士,晋升次数多且对工作感到满意。向互相关系紧密的关系人咨询工作信息多、工作外社交关系人类型多样化的博士,晋升次数多。向不同年龄段关系人询问工作信息多、与关系亲密关系人商量重要决策多、和博士学历关系人社交多的博士,工作满意度高。

能力和社会网络互相依赖、互相促进,体现在:能力和工作外社交关系人类型多样化共同促进晋升;向不同年龄段关系人多询问工作信息,在危机时刻多寻求不同背景关系人的支持,会和能力共同促进工作满意度的提高。综合分析后进一步发现:技术实力与单位外部的工作伙伴关系共同对职业发展发挥积极作用;沟通与协调能力、人际交往能力、解决问题能力与单位内部的同事关系共同对职业发展产生积极作用。

(二) 博士生教育与工作经历是影响博士职业成功的重要基础

通过博士生教育,理工科博士成为掌握一系列科研能力的独立研究者。到企业工作后受到所在单位认可,以及在学期间积累的科研经历成为适应企业工作和发展的重要基础。企业招聘博士的初衷主要是为了吸收博士的专业技术能力,而博士所具备的创新、写作、基本研究技能等科研能力,也确实使博士能够胜任企业的研发创新及其他工作,为企业创造价值与贡献。具备工作经验、工作业绩突出、为企业创造收益构成博士职业发展的基础。

(三) 组织环境与主观心理环境是影响博士职业成功的重要背景因素

博士在企业的职业发展,一方面受到个体所处客观环境的影响,一方面受到个体主观心理环境的影响。对博士职业发展有影响的客观环境主要来自组织内部,包括晋升空间和机遇、制度政策和工作负担。企业中技术职称评定等政策是否明确,技术类晋升路线是否清晰,职业发展是否有环境阻碍,因企业性质不同而不同:外企就职博士认为激励政策对留职意向有影响;国企就职博士认为博士人才的使用与培养制度对职业发展及留职意向有影响。博士对客观环境进行认知解释形成主观心理环境,呈现主动融入和感到不适应两种类型。对工作感到满意的博士更能理解组织环境的合理性,主动满足工作要求和适应企业文化;对工作感到不满意的博士感到工作有负担,对企业工作内容与氛围感到不适应。

（四）自我效能感与结果期待是影响博士职业成功的重要认知因素

本研究中，企业就职理工科博士的自我效能感主要来自三个方面：过往经历（包括出色的工作经历、博士学位训练、受挫的晋升经历）、消极心理状态和观察学习。对工作有消极情绪和有受挫经历的博士，自我效能感不高，工作满意度低。通过出色工作经历和博士学位训练建立更多自我效能感的博士，晋升多，工作满意度高。

博士同时根据内外部因素判断未来职业发展：个人能力和努力程度，是否有晋升空间和机会，领导是否认可。晋升过的博士，更多地从个人条件和社会网络来判断未来职业发展，如是否拥有丰富职场经验和领导认可。未晋升过的博士，更多地从组织环境判断未来职业发展，如是否有晋升空间和机会。

在考虑职业发展结果时，博士同时考虑奖励（如薪水）、工作环境（如工作地点、工作稳定性）、内在满足感（如工作能否实现专业发展需求、是否能平衡工作与家庭关系）三方面因素，体现了多样化的工作价值观。在工作平台满足个人发展方面感到不满的博士，晋升少，工作满意度低；更多考虑工作环境舒适度的博士，工作满意感相对高。

（五）英德博士生教育多元化职业导向的改革为我国提供借鉴

随着科学与工程领域博士从事非学术职业的人数不断增加，学术职业不再是博士毕业后唯一的职业选择。英德两国为适应博士多元化职业的趋势，积极培育博士生教育的新模式，如依托博士生训练中心的英国博士学位项目和在研究生院支持下的德国博士学位项目。这两个新模式的博士学位项目具有鲜明特色：构建研究与技能训练相平衡的博士生培养模式，为博士生提供兼顾学术能力和职业技能的多方位可迁移训练，关注博士生职业角色转变和职业认同形成过程，提供基于自我反思与个人成长的职业发展支持。这些特色做法为我国博士生教育改革提供了参考和借鉴。

第二节　对理工科博士生教育为非学术
职业准备的建议

基于本研究的结果，在借鉴欧洲博士生教育改革经验的基础上，为我国理工科博士生教育为非学术职业做好准备提出一些建议。

（一）加强非学术职业理念的推广

访谈中发现,有部分博士对博士学位的价值存在自相矛盾的认识。他们中有人认为博士生教育应以培养纯科研人才为目标,认为只有毕业后从事科研方面工作的的人,读博士才有意义,认为博士去技术要求不高的国企工作或就职非科研岗位是对国家教育资源的一种浪费。有博士甚至认为博士生教育不需要培养去企业工作的博士。但当博士自身帮助企业解决复杂难题时,又能体会到博士学位的价值。这些矛盾的本质还是关于博士生教育应该坚持为大学培养学术型人才还是为社会各界培养知识工作者的争论。

拥有博士学位的理工科博士作为顶尖工程师,是国家经济社会发展的"引擎",他们在服务于人类事业、提高人类舒适度和方便性上发挥着巨大作用。同时,博士作为知识创造者、传递者,也是提升整个社会学习能力的重要力量。因此,博士生教育不仅要培养对知识产生贡献的学者,也要培养能处理社会复杂问题的专业人士。包括高校和企业在内的整个社会都应当尊重且积极培育推广博士从事非学术职业的理念,在博士生教育过程中加强对非技术创新的认同,延伸创新的内涵,理性评价博士在学术型岗位上的作用和价值,提升博士与非学术职业的匹配性。

（二）拓展博士生能力的培养宽度

研究发现,博士生教育培养的能力与企业所需能力之间存在较多差异,即使在博士生教育的强项——科研能力方面,当前理工科博士生教育培养的范围也较为狭窄,对企业的实际工作需求关注较少;博士受到的做实验和写论文的锻炼,和企业实际工作需求有较大差异;在企业大有需求的可迁移技能方面,可能是博士生教育培养附带性的成果。

因此,建议博士生教育在保证研究性的同时,增强通用性。加强对非学术职业的关注,多考虑广泛工作情境的需求,包括设置学术和职业双导向的可迁移课程,一方面提供针对学术研究的技能训练,另一方面提供以职业为导向的可迁移技能培训。帮助博士生认识到除了技术创新外,非技术创新也能为企业业务、市场实践及整个社会带来改变和贡献。注重发展博士生的元能力(Lafon,2014),

帮助博士生不断适应变化的环境,对待困境与难题保持开放心态,积极主动地学习和发展新的能力应对挑战。

(三) 为博士生创造丰富的工程项目经历

丰富的工作经历对企业就职博士来说至关重要。攻读博士学位需要花费数年时间,当博士进入企业工作时,同龄的本科、硕士学历者已拥有较多的工作经验。当面临同一晋升岗位时,如果工作业绩类似,雇主容易信任拥有更多、更长时间工作经验的人。另外,在博士生教育期间有过工程项目经验的博士也会较快适应企业工作。

博士生教育应为博士生提供有深度的工程项目经历,通过持续参与方式理解工程在商业环境中的运行方式,加强科研训练与企业需求之间的衔接;多为学生创造在非学术界工作的机会,包括校企联合培养、公司实习、为专业协会服务等,帮助博士生积累大学外的工作经验。

(四) 提供针对博士生的职业咨询与辅导

博士生教育的经历,也是博士生经历社会化的过程。传统博士生教育较多关注研究技能、科学知识,博士生通过研究经历提前了解教授职业和确认自己的职业选择,为教授职业做准备。但对毕业后进入非学术职业的博士来说,当前的博士生教育没有提供很好的角色观察、角色期待以及职业身份认同的环境。因此有必要在更大社会范围内帮助博士生获得与非学术环境的互动,塑造非学术职业认同。

职业咨询与辅导是帮助博士生确定职业期待与身份认同的重要途径,它主要应该解决以下问题:① 提供入门训练,促进博士生从读博开始就带着"我是谁? 我要成为谁?"的问题,挖掘自身职业潜能。② 增强职业规划意识,促进博士生了解企业文化和规范,为职业选择提供参考。③ 发展社会网络意识,搭建与其他社会工作部门职业人群接触和对话的平台,促进博士生构建和灵活运用有效的社会网络。④ 调整对客观环境的主观认识,帮助博士生学会压力疏解和状态调整,拆解个人与环境互动中的问题,调整归因方式,有效制定和执行问题解决方案。

第三节　未　来　展　望

（一）理工科博士非学术职业研究的实践价值

1. 初步发现企业就职理工科博士职业成功因素发挥作用的机理

本书开展的研究验证了社会认知职业理论中各要素在企业就职博士群体上的适用性，并具体考察了能力和社会网络对企业就职博士职业成功的联合作用机制。研究进一步探索了不同职业境况博士对职业成功影响因素的归因，发现对于不同晋升及工作满意度水平的博士来说，能力、社会网络、博士生教育经历、工作经历、组织环境和主观心理环境因素、自我效能感和结果期待在职业发展中的作用有所不同。这些研究结果体现了企业就职理工科博士的独特性，为构建企业就职理工科博士职业成功的理论框架打下基础。

2. 从博士的非学术职业发展的角度，为博士生教育改革提供依据

从博士毕业生角度研究博士生教育质量的研究，大多请博士毕业生对他们经历的博士生教育质量进行评价，或对他们在博士生教育期间收获的能力对工作的有用性进行评价，或对当前工作有用的能力进行评价。本研究通过研究博士非学术职业的影响因素，不仅查看了当前博士生教育在能力培养上的不足，还考察了社会网络、工作经历、背景因素、个人认知因素在企业就职博士职业发展中的作用，从中找出博士生教育可改进方面，为博士生教育改革提供依据。

（二）未来进一步开展深入研究的方向

由于研究使用的问卷是研究者初次开发使用，构念效度有待进一步检验。问卷填写对象是博士毕业生这一单一群体，对问卷各个题项的回答仅反映了博士自身的主观感知。在访谈部分未来可以添加人力资源、博士生导师的视角，从多角度共同补充和验证研究结果。

由于企业就职博士仍然是博士人群中的少数，搜寻企业就职博士存在一定操作难度，因此本研究定量研究中的样本主要通过滚雪球而来，因此样本数量有限，大多数博士来自研发、技术等非管理岗，并局限在某些地区、某些单位、某些高校。已有研究结果能否推广，需要在未来通过扩大样本数量后进行进一步验证。

　　本研究对企业就职理工科博士职业成功影响因素进行了探索,可作为未来研究的基础。未来还可做更深入的研究,对当前取得的研究结果进行验证,进一步构建与修正理论框架,不断丰富博士非学术职业领域的研究。未来可开拓的方向有:

　　1. 进一步扩大样本人数

　　当样本数增加时,可以获取更大量的数据和信息,能帮助拓展对企业就职博士职业发展的认识。本研究中,博士的晋升在性别、年龄等个人特征以及企业类型等因素上不存在差异;博士的满意度在所有控制变量上都未发现差异。这可能与样本较小有关。如果想要进一步了解企业就职理工科博士的职业成功在个人特征变量及工作特征变量上的差异,需要进一步扩大问卷与访谈样本。

　　本研究中女性样本较少,在定量研究中占 17.3%,仅有 1 名女性博士参与访谈。在后续研究中,可以扩大女性样本,探讨性别在理工科博士职业发展过程中的作用。不同教育背景、不同行业类型对博士职业成功的影响,也值得进一步研究分析。

　　2. 进一步探测社会认知职业理论模型在我国博士群体上的应用

　　已有研究发现了的企业就职博士特征,可进一步设计测量社会认知理论框架中其他核心变量(例如自我效能感、结果期待)的问卷,用定量方法探测社会认知职业理论模型在中国博士群体上的应用。通过更丰富的数据信息探究能力、社会网络、博士生教育经历、工作经历与个人认知因素相互之间的关系,以及所有这些变量对博士非学术职业成功的影响作用。

　　3. 进一步挖掘能力与社会网络的联合作用机制

　　定性研究提供了丰富的例子,揭示了能力与社会网络联合对职业发展产生作用的机制。例如,技术实力与单位外部工作伙伴关系联合对职业发展产生积极作用。沟通能力、协调能力、人际交往能力、解决问题能力会与单位内部同事的关系网络联合对职业发展产生积极作用。后续研究可以通过观察研究、深度访谈等多种研究方法进一步挖掘能力、社会网络与社会认知职业理论中其他要素的联合作用机制。

附录 1
博士学位获得者职业发展状况调查

尊敬的受访者：

您好！上海交通大学正在对博士学位获得者的职业发展进行调查，希望为增强博士生教育与劳动力市场之间衔接提供依据，特邀您参与此次问卷调查。

调查问卷约用时 25 分钟左右。本问卷严格保密，不公布任何个人及单位信息。

您的回答对于此项研究具有重要参考价值，真诚地期待您真实表达自己的想法。

感谢您的支持！

第一部分 请根据您的真实感受，回答以下问题。

Q1：请评价您在以下能力上的水平。
（请在合适的分值上填"A"，1＝非常低；2＝低；3＝中等；4＝高；5＝非常高）

	非常低	低	中等	高	非常高
1. 掌握博士研究方向的专业知识	1	2	3	4	5
2. 掌握更广泛的学科知识	1	2	3	4	5
3. 掌握研究技能和方法	1	2	3	4	5
4. 问题解决的能力	1	2	3	4	5

续　表

	非常低	低	中等	高	非常高
5. 在多学科背景团队工作的能力	1	2	3	4	5
6. 创新能力	1	2	3	4	5
7. 项目管理的能力	1	2	3	4	5
8. 商业意识	1	2	3	4	5
9. 沟通交流的能力	1	2	3	4	5
10. 写作能力	1	2	3	4	5
11. 领导力	1	2	3	4	5
12. 辅导他人的能力	1	2	3	4	5
13. 明确和满足客户需求的能力	1	2	3	4	5

Q2：请评价以上能力对您目前工作的重要性。
（请在合适的分值上填"A"，1＝非常不重要；2＝不重要；3＝中等；4＝重要；5＝非常重要）

	非常 不重要	不重要	中等	重要	非常 重要
1. 掌握博士研究方向的专业知识	1	2	3	4	5
2. 掌握更广泛的学科知识	1	2	3	4	5
3. 掌握研究技能和方法	1	2	3	4	5
4. 问题解决的能力	1	2	3	4	5
5. 在多学科背景团队工作的能力	1	2	3	4	5
6. 创新能力	1	2	3	4	5
7. 项目管理的能力	1	2	3	4	5
8. 商业意识	1	2	3	4	5

续　表

	非常 不重要	不重要	中等	重要	非常 重要
9. 沟通交流的能力	1	2	3	4	5
10. 写作能力	1	2	3	4	5
11. 领导力	1	2	3	4	5
12. 辅导他人的能力	1	2	3	4	5
13. 明确和满足客户需求的能力	1	2	3	4	5

若您认为还有其他能力对您目前工作非常重要或重要,请在这里列出:

Q3:请评价您目前的职业状态。
(**请在合适的分值上填"A",1=非常不同意;2=不同意;3=中等;4=同意;5=非常同意**)

	非常 不同意	不同意	中等	同意	非常 同意
1. 我对自己在职业上所取得的成功 感到满意。	1	2	3	4	5
2. 为满足总的职业目标,我对自己 已取得的进步感到满意。	1	2	3	4	5
3. 为满足收入目标,我对自己已取 得的进步感到满意。	1	2	3	4	5
4. 为满足晋升目标,我对自己已取 得的进步感到满意。	1	2	3	4	5
5. 为获得新技能,我对自己已取得 的进步感到满意。	1	2	3	4	5

第二部分

Q1: 请您回忆,以下不同情境中您会联系的人,请逐一列出他们的姓名(每个情境至多五人),将他们的姓名列在问题后的下划线上,并在随后的表格中回答联系人之间的相熟情况。

请注意:

* 为保持匿名,采用与姓名对应的大写字母表示联系人的姓名,例如,张三:ZS,张三一:ZSY。
* 若同一个联系人反复出现在不同情境中,必须保证每次出现时采用的字母完全一致。

情境 1:对您来说比较重要的问题,您和谁讨论?

第一人:＿＿＿＿＿＿　　　第二人:＿＿＿＿＿＿　　　第三人:＿＿＿＿＿＿

第四人:＿＿＿＿＿＿　　　第五人:＿＿＿＿＿＿

请评价这五人之间的相熟程度。(0＝不认识;1＝不太熟;2＝非常熟)

	第二人	第三人	第四人	第五人
第一人				
第二人	空白			
第三人	空白	空白		
第四人	空白	空白	空白	

情境 2:当您在工作中需要了解单位日常运行方面的信息时,您和谁交流?

第一人:＿＿＿＿＿＿　　　第二人:＿＿＿＿＿＿　　　第三人:＿＿＿＿＿＿

第四人:＿＿＿＿＿＿　　　第五人:＿＿＿＿＿＿

请评价这五人之间的相熟程度。(0＝不认识;1＝不太熟;2＝非常熟)

	第二人	第三人	第四人	第五人
第一人				
第二人	空白			
第三人	空白	空白		
第四人	空白	空白	空白	

情境 3：当您想对重要的工作决策产生影响时,您向哪些
会影响决策结果的人寻求帮助?

第一人：_____　　　第二人：_____　　　第三人：_____
第四人：_____　　　第五人：_____
请评价这五人之间的相熟程度。(0＝不认识;1＝不太熟;2＝非常熟)

	第二人	第三人	第四人	第五人
第一人				
第二人	空白			
第三人	空白	空白		
第四人	空白	空白	空白	

情境 4：当您遇到个人困难时,包括工作、家庭、情感等
方面的难题,您向谁寻求帮助?

第一人：_____　　　第二人：_____　　　第三人：_____
第四人：_____　　　第五人：_____
请评价这五人之间的相熟程度。(0＝不认识;1＝不太熟;2＝非常熟)

	第二人	第三人	第四人	第五人
第一人				
第二人	空白			
第三人	空白	空白		
第四人	空白	空白	空白	

情境 5：在工作之外,您和谁进行社会交往?（社会交往是指下班后还花时间
在一起,相互串门、一起参加社会活动或就餐、看电影等。）

第一人：_____　　　第二人：_____　　　第三人：_____
第四人：_____　　　第五人：_____
请评价这五人之间的相熟程度。(0＝不认识;1＝不太熟;2＝非常熟)

	第二人	第三人	第四人	第五人
第一人				
第二人	空白			

续　表

	第二人	第三人	第四人	第五人
第三人	空白	空白		
第四人	空白	空白	空白	

Q2：首先，请在下表中的第一栏，写下您在以上5个情境中提到的所有联系人的姓名（即大写字母）。接着，在随后的表格中填写和选择与他们相符的信息。

　　请注意：后5列信息（A教育程度；B职业；C社会地位；D与您关系的类型；E与您相熟的程度），请从以下选项中选择相应的编号。

　　A教育程度：（1）文盲或半文盲　（2）小学　（3）初中　（4）中专　（5）普通高中　（6）职校、技校　（7）大专（非全日制）　（8）大专（全日制）　（9）本科（本全日制）　（10）本科（全日制）　（11）硕士研究生　（12）博士生研究生

　　B职业：（1）产业工人　（2）大学教师　（3）中小学教师　（4）医生　（5）护士　（6）厨师、炊事员　（7）饭店餐馆服务员　（8）营销人员　（9）无业人员　（10）科学研究人员　（11）法律工作人员　（12）经济业务人员　（13）行政办事人员　（14）工程技术人员　（15）政府机关、党群组织负责人　（16）企业事业单位负责人　（17）家庭保姆、计时工　（18）农民　（19）其他，请在表中说明

　　C社会地位：（1）比您高　（2）和您一样　（3）比您低

　　D与您关系的类型：（1）博士同学　（2）博士导师　（3）除博士同学外的其他同学　（4）除博士导师外的其他老师　（5）部门领导　（6）单位指导者　（7）单位其他同事　（8）前单位同事　（9）客户　（10）工作项目中认识的其他机构的人　（11）配偶　（12）其他家人或亲戚　（13）朋友　（14）其他，请在表中说明

　　E与您相熟的程度：0＝疏远　1＝不太熟　2＝非常熟

姓　名	性别	年龄	A教育程度	B职业	C社会地位	D与您关系的类型	E与您相熟的程度

续　表

姓　名	性别	年龄	A 教育程度	B 职业	C 社会地位	D 与您关系的类型	E 与您相熟的程度

第三部分　个人基本信息

Q1：请认真阅读各个问题，按要求将回答填写在下划线"_____"上；没有下划线的，请从给出的选项中选择符合您情况的答案，并在**选项前**的"（　）"里填"A"。

1. 您的性别：（　）男；（　）女

2. 您的出生年份：＿＿＿＿＿＿＿

3. 您的婚姻状况：（　）未婚；（　）已婚

4. 您的子女情况：（　）0 个子女；（　）1 个子女；（　）2 个子女；
　　　　　　　　　（　）3 个及以上子女

5. 您的博士毕业院校：＿＿＿＿＿＿＿您的博士专业：＿＿＿＿＿＿＿

　博士毕业时间：＿＿＿＿＿＿＿年

　您的硕士毕业院校：＿＿＿＿＿＿＿

　您的本科毕业院校：＿＿＿＿＿＿＿

6. 您是否有博士后经历？

　（　）有,请回答下列问题；

　（　）没有,请转至第 7 题。

　——您博士后所在机构名称及起止时间：

　机构 1 名称：＿＿＿＿＿＿＿

　起止时间：＿＿＿＿＿＿＿年至＿＿＿＿＿＿＿年

　机构 2 名称：＿＿＿＿＿＿＿

　起止时间：＿＿＿＿＿＿＿年至＿＿＿＿＿＿＿年

7. 在这份工作之前,您有过其他工作经历(不包含博士后)吗？

　（　）有,请回答下列问题；

　（　）没有,请转至 8 题。

　——在这份工作之前,您在几家单位工作过(不包含博士后)：共＿＿＿＿＿＿＿个

　——在您之前工作过的单位中,包含哪些类型的单位(若有多次经历,可多选)：（　）高等院校；（　）中小学或其他学校；（　）科研机构；（　）中央党政机关及事业单位；（　）地方政府部门及事业单位；（　）国有企业；（　）民营企业；（　）中外合资企业；（　）外商独资企业；（　）城市集体企业；（　）乡镇企业；（　）创业；（　）失业；（　）其他(请注明＿＿＿＿＿＿＿)

8. 在目前工作单位,您工作了多久：

　（　）1 个月以下；（　）半年以下；（　）1 年以下；（　）1—2 年；

　（　）2—3 年；（　）3—4 年；（　）4—5 年；（　）5—6 年；（　）6—7 年；

　（　）7—8 年；（　）8—9 年；（　）9—10 年；（　）10—11 年；

（　）11—12 年;（　）12—13 年;（　）13—14 年;（　）14—15 年;
（　）15 年以上

9. 您目前供职的工作岗位:＿＿＿＿＿＿＿

10. 您目前担任的职位:（　）一般员工或基层员工;（　）基层管理人员;
（　）中层管理人员;（　）高层管理人员

11. 在目前工作单位,您的晋升次数(职务级别的增加,或伴随工作职责、权力和薪水大幅增长的工作变动):
（　）0 次;（　）1 次;（　）2 次;（　）3 次;（　）4 次;（　）5 次;（　）6 次;
（　）7 次;（　）8 次;（　）9 次;（　）10 次及以上

12. 您目前的年薪(税前,包括奖金和其他间接收入;单位:元):
（　）50 000 以下;（　）50 000—80 000;（　）80 000—100 000;
（　）100 000—150 000;（　）150 000—200 000;（　）200 000—250 000;
（　）250 000—300 000;（　）300 000—350 000;（　）350 000—400 000;
（　）400 000—450 000;（　）450 000—500 000;（　）500 000—550 000;
（　）550 000—600 000;（　）600 000—650 000;（　）650 000—700 000;
（　）750 000—800 000;（　）800 000—850 000;（　）850 000—900 000;
（　）900 000—950 000;（　）950 000—1 000 000;（　）1 000 000 以上

您的完整回答十分宝贵,请您再检查一下,是否有漏答的题目需要补充。

此问卷到此结束,再次感谢您宝贵的时间和支持!

附录 2
博士员工访谈提纲

1. 博士生学习内容

a. 您博士的研究方向是什么?

2. 工作角色与内容

a. 您当前的职位是什么?

b. 您当前工作的主要内容是什么?

3. 能力

a. 哪些能力对您工作有帮助?

b. 还有其他方面能力对您工作有帮助吗?

4. 博士生教育经历

a. 博士生学习对您工作的作用体现在哪?

5. 工作经历

a. 您感觉有成就感的工作事件有哪些?

6. 社会支持

a. 哪些人对您工作有帮助?

(博士导师/同学,企业外部人员,其他人)

7. 自我效能和结果期待

a. 您对未来职业发展有什么期望吗?

b. 您对完成这个目标有信心吗?

8. 背景因素

a. 哪些环境因素对您的职业发展有影响?

9. 职业满意感

a. 您对当前的工作状态,感到满意吗?

10. 对博士生教育的建议

a. 对当前博士生教育的改革有什么建议?

11. 我的问题就到这里,您还有什么要补充的吗?

主要参考文献

中文文献

包水梅.(2015).我国学术型博士生教育面临的挑战及其变革趋势.学术论坛,38(1),160‐165.

鲍威,杜嫱,麻嘉玲.(2017).是否以学术为业:博士研究生的学术职业取向及其影响因素.高
  等教育研究,38(4),61‐74.

边燕杰.(1998).找回强关系:中国的间接关系、网络桥梁和求职(张文宏　译).国外社会学,
  2,50‐65.

陈洪捷,赵世奎,沈文钦,蔡磊砢.(2011).中国博士培养质量:成就、问题与对策.学位与研究
  生教育,(6),40‐45.

范巍,蔡学军,赵世奎,成龙,汪怿.(2011).中国博士发展质量调查.学位与研究生教育,(1),
  1‐7.

帕翠西亚·冈伯特.(2013).高等教育社会学(朱志勇,范晓慧　译).北京:北京大学出版社.

高耀,沈文钦.(2016).中国博士毕业生就业状况——基于2014届75所教育部直属高校的分
  析.学位与研究生教育,(2),49‐56.

顾剑秀,罗英姿.(2016).学术抑或市场:博士生培养模式变革的逻辑与路径.高等教育研究,
  37(1),49‐56.

康小明.(2009).人力资本、社会资本与职业发展成就.北京:北京大学出版社.

克拉克·克尔.(2001).高等教育不能回避历史(王承绪　译).杭州:浙江教育出版社.

罗纳德·伯特.(2008).结构洞:竞争的社会结构(任敏,李璐,林虹　译).上海:上海人民出
  版社.

赖德胜,孟大虎,苏丽锋.(2012).替代还是互补——大学生就业中的人力资本和社会资本联合
  作用机制研究.北京大学教育评论,10(1),13‐31.

林南.(2005).社会资本:关于社会结构与行动的理论(张磊　译).上海:上海人民出版社.

刘军.(2014).整体网分析.上海:格致出版社.

刘思达.(2006).职业自主性与国家干预——西方职业社会学研究述评.社会学研究,(1),
  197‐224.

马克·格兰诺维特.(2015).镶嵌:社会网与经济行动(罗家德　译).北京:社会科学文献出
  版社.

韦恩·贝克.(2002).*社会资本制胜：如何挖掘个人与企业网络中的隐性资源*(王晓冬　译).
　　上海：上海交通大学出版社.

张美云,刘少雪.(2011).建筑学学科工学博士职业贡献研究—以 T 大学为例.*清华大学教育研
　　究*,*32*(5),108 - 115.

周文霞,辛迅,潘静洲,谢宝国.(2015).职业成功的资本论：构建个体层面职业成功影响因素
　　的综合模型.*中国人力资源开发*,(17),38 - 45.

周作宇.(2014).大学理念：知识论基础及价值选择.*北京大学教育评论*,*12*(1),90 - 107.

外文文献

Altbach，P. G. (2004). *The United States: Present realities and future trends. In Doctoral
　　studies and qualifications in Europe and the United States: Status and prospects*(XIII).
　　Retrieved from http：//manualzz. com/doc/14993292/doctoral-studies-and-qualifications-
　　in-europe-and-the-uni

Bandura，A. (1997). *Self-efficacy: The exercise of control*. New York：Freeman.

Burt，R. S. (2000). The network structure of social capital. *Research in Organizational
　　Behavior*，*22*(00)，345 - 423.

Canal-Domínguez，F.J. (2013). Earnings and Job Satisfaction of Employed Spanish Doctoral
　　Graduates. *Revista Española de Investigaciones Sociológicas*，*10* (144)，49 - 72.

Cason，J. (2016). *Preparing future scholars for academia and beyond: a mixed method
　　investigation of doctoral students' preparedness for multiple career paths*. Retrieved
　　from ProQuest Digital Dissertations.

Commission of the European Communities. (July 2003). *Researchers in the European research
　　area: One profession，multiple careers*. Retrieved from https：//ec.europa.eu/research/
　　fp6/mariecurie-actions/pdf/careercommunication_en.pdf

Cruz-Castro，L.，& Sanz-Menéndez，L. (2005). The employment of PhDs in firms：trajectories，
　　mobility and innovation. *Research Evaluation*，*14*(1)，57 - 69.

Cruzcastro，L.，& Sanzmenéndez，L. (2012). The employment of phds in firms：trajectories，
　　mobility and innovation. *Research Evaluation*，*14*(1)，57 - 69.

Cyranoski，D.，Gilbert，N.，Ledford，H.，Nayar，A.，& Yahia，M. (2011). Education：the
　　Phd factory. *Nature*，*472*，276 - 279.

De Grande，H.，De Boyser，K.，Vandevelde，K.，& Van Rossem，R. (2014). From Academia
　　to Industry：Are Doctorate Holders Ready? *Journal of the Knowledge Economy*，*5*(3)，
　　538 - 561.

Dietz，J. S.，& Bozeman，B. (2005). Academic careers，patents，and productivity：industry
　　experience as scientific and technical human capital. *Research Policy*，*34*(3)，349 - 367.

DTZ Pieda Consulting. (2011). *The value of PhDs: the impact of doctoral education in
　　Research Intensive Employers*. Edinburgh：EPSRC.

Golde, C. M., & Walker, G.E. (2006). *Preparing stewards of the discipline. Envisioning the future of doctoral education*. Wiley: Jossey-Bass.

Grande, H. D., Boyser, K. D., Vandevelde, K., & Rossem, R. V. (2014). From academia to industry: are doctorate holders ready?. *Journal of the Knowledge Economy*, 5(3), 538 – 561.

Granovetter, M. (1973). The strength of weak ties. *American Journal of Sociology*, 78(6), 1360 – 1380.

Granovetter. M. (1995). Getting A Job: A Study of Contacts and Careers. In Granovetter. M (Eds.) *Getting a Job: a study of contacts and careers*. Chicago: University of Chicago Press.

Haapakorpi, A. (2017). Doctorate holders outside the academy in Finland: academic engagement and industry-specific competence. *Journal of Education and Work*, 30(1), 53 – 68.

Johnson, R. B., & Onwuegbuzie, A. J. (2004). Mixed Methods Research: A Research Paradigm Whose Time Has Come. *Educational Researcher*, 33(7), 14 – 26.

Lee, H. F., Miozzo, M., & Laredo, P. (2010). Career patterns and competences of PhDs in science and engineering in the knowledge economy: the case of graduates from a UK research-based university. *Research Policy*, 39(7), 869 – 881.

Lent, R. W., & Brown, S. D. (2006). Integrating person and situation perspectives on work satisfaction: a social-cognitive view. *Journal of Vocational Behavior*, 69(2), 236 – 247.

Lent, R. W., & Brown, S. D. (2013). Social cognitive model of career self-management: toward a unifying view of adaptive career behavior across the life span. *Journal of Counseling Psychology*, 60(4), 557 – 568.

Nicholson, N., & De Waalandrews, W. (2005). Playing to win: Biological imperatives, self-regulation, and trade-offs in the game of career success. *Journal of Organizational Behavior*, 26(2), 137 – 154.

Park, C. (2005). New variant PhD: the changing nature of the doctorate in the UK. *Journal of Higher Education Policy & Management*, 27(2), 189 – 207.

Raddon, A., & J. Sung. (2009). *The career choices and impact of PhD graduates in the UK: A synthesis review*. Retrieved from http://www.esrc.ac.uk/files/public-engagement/public-dialogues/full-report-phd-graduates-career-choices/

Schreier, M. (2012). *Qualitative content analysis in practice*. London: Sage.

Seibert, S. E., Kraimer, M. L., & Liden, R. C. (2001). A social capital theory of career success. *Academy of Management Journal*, 44(2), 219 – 237.

Stephan, P. E., Sumell, A. J., Black, G. C., & Adams, J. D. (2004). Doctoral education and economic development: the flow of new PhDs to industry. *Economic Development Quarterly*, 18(2), 151 – 167.

National Academy of Sciences, National Academy of Engineering, Institue of Medicine. (1995). *Reshaping the Graduate Education of Scientists and Engineers*. Washington,

DC: National Academy Press.

Turk-Bicakci, L., Berger, A., & Haxton, C. (2014). *The nonacademic careers of STEM PhD holders*. Retrieved from https://www.air.org/sites/default/files/downloads/report/STEM%20nonacademic%20careers%20April14.pdf

Tzanakou, C. (2012). *Beyond the PhD: the significance of boundaries in the early careers of highly qualified Greek scientists and engineers*. Retrieved from ProQuest Digital Dissertations.

Watson, J. (2011). *Creating industry-ready PhD graduates*. Retrieved from ProQuest Digital Dissertations.

关键词索引